ELEMENTS POUR UN LOGICIEL
ASSYRIOLOGIQUE

par Olivier Rouault

Première version d'une série de programmes écrits en Pascal et opérationnels sur micro-ordinateur Apple II+ ou l'Apple IIe (avec carte Videoterm, EnhancerII de Videx et imprimante Centronics 739), conçus spécialement pour les textes cunéiformes sumériens ou akkadiens. Un logiciel de traitement de texte (edition, stockage, impression) permet d'éditer puis de conserver et de manipuler en mémoire périphérique des translitérations et des transcriptions respectant les critères traditionnels. Ce logiciel autorise - avec tous les diacritiques, les signes et les accents habituels - l'affichage du texte à l'écran et son impression sur une imprimante matricielle à aiguilles Centronics 739. Des programmes d'exploitation des données ainsi enregistrées permettent de générer automatiquement des index, avec possibilité de transcription partiellement automatique des translitérations. Le programme de tri est adapté à l'ordre de l'"alphabet" suméro-akkadien. Un programme (Scribe) montre comment imprimer des signes cunéiformes sur imprimante matricielle à aiguilles Centronics 739. Cette démonstration de l'utilité des micro-ordinateurs est complétée par un exemple d'utilisation du langage Basic, pour confectionner un index de taille illimitée sur des supports de mémoire de capacité limitée, avec l'aide d'un logiciel du commerce. Tous les programmes sont donnés intégralement - et pourront être fournis sur disquettes - avec commentaires et instructions pour permettre de les modifier et de les adapter à d'autres disciplines que l'assyriologie. Cet ensemble doit être considéré comme évolutif: des versions améliorées et opérationnelles sur d'autres micro-ordinateurs ou d'autres imprimantes seront publiées dans de futurs numéros de CARNES.

TABLE DES MATIERES

0. INTRODUCTION

L'introduction de l'informatique dans les méthodes de recherche en sciences humaines constitue déjà un phénomène ancien. L'efficacité de cette démarche semble très inégale selon les domaines d'application. En démographie ou en sociologie, par exemple, là où les calculs statistiques jouent un rôle important, les méthodes informatiques se sont greffées sans difficulté sur les anciennes pratiques, et leur usage s'est révélé incontestablement positif. Par contre, dans des domaines où la documentation est beaucoup plus difficilement quantifiable ou réductible à des schémas formalisés, l'informatique, après avoir fait naître des espoirs grandioses, s'est toujours - sauf quelques rares exceptions - révélée parfaitement inefficace sinon nuisible, dévorant, pour des résultats insignifiants, des sommes considérables et - ce qui est plus grave - usant de façon stérile l'énergie de nombreux chercheurs.

On peut certes invoquer l'insuffisante formation en sciences exactes de la majorité des chercheurs en sciences humaines à qui l'initiation à l'informatique demande souvent un effort considérable. On peut aussi expliquer cet échec par l'inadaptation des critères d'évaluation du travail des chercheurs, accusés de renier leur discipline dès que, abandonnant les discours théoriques, ils se penchent sur des problèmes de méthodologie appliquée. Les institutions et leur organisation hiérarchique du pouvoir issu de la recherche ne sont pas non plus innocentes en cette affaire: de nombreux investissements matériels et humains ont été, dans le domaine de l'informatique appliquée aux sciences humaines, complètement stérilisés par les effets nocifs de la lutte pour le pouvoir. Banques de données et bibliothèques de programmes ont trop souvent été considérées comme la propriété de leur créateur initial (individu ou institution de recherche) et n'ont pas eu l'efficacité qu'on pouvait attendre d'un investissement en fait public. L'absence d'harmonisation dans les procédures d'enregistrement et de traitement, ainsi qu'en ce qui concerne les matériels, est peut-être un moyen utilisé plus ou moins consciemment pour permettre cette rétention, plutôt qu'une excuse réellement fondée.

La micro-informatique par sa large diffusion et son accès de plus en plus facile, permettra de dépasser ces blocages et d'assainir la situation, à condition que chacun soit décidé à faire l'effort d'utiliser ces nouvelles machines, et de participer ainsi à cette nouvelle répartition du pouvoir, interdisant qu'il soit monopolisé par quelques-uns.

Beaucoup d'outils micro-informatiques (matériels et programmes ou logiciels) sont directement utilisables pour les assyriologues et plus généralement pour les spécialistes des langues et des civilisations du Proche-Orient auxquels est destinée cette revue.

Les travaux sur données préparées "à la main" ne posent aucun problème, et on peut facilement faire ainsi des recherches statistiques ou de l'analyse factorielle. Mais dans ce cas, l'ordinateur n'est pris que comme une sorte de machine à calculer perfectionnée, et son utilisation vient seulement après la définition complète du problème à résoudre, et même après que la majeure partie du travail ait été faite de façon artisanale. En outre, toute modification de la stratégie de recherche implique une modification des fichiers de données qu'il faut la plupart du temps recomposer complètement.

On peut aussi, en matière d'édition de textes, utiliser des matériels et des programmes standards. Il suffit d'accepter la gymnastique mentale qui consiste à remplacer les signes spéciaux par ceux qui sont disponibles: le c, le j et le x serviront par exemple, pour l'akkadien, à écrire respectivement le s pointé, le shin et le t pointé. En outre, les différents types de crochets pour indiquer cassures, ajouts ou absences fortuites, peuvent être remplacés par des combinaisons de signes standards.

Toutefois, ce type de codage, acceptable quand il porte sur quelques signes, provoque vite un effet répulsif et dissuasif lorsqu'il transforme le texte au point de le rendre incompréhensible aux spécialistes eux-mêmes. Il peut même provoquer des erreurs difficiles à déceler sans un travail de relecture et de collations fastidieux.

Si on s'en tient au matériel et aux programmes standards et d'un prix accessible, les problèmes évoqués ci-dessus sont insolubles. C'est pourquoi il nous a semblé utile d'imaginer un logiciel adapté très exactement aux besoins de nos disciplines et dont les fonctions sont, dans toute la mesure du possible, calquées sur une analyse de nos comportements et de nos méthodes de travail traditionnels. Ce logiciel devra offrir la possibilité d'éditer des données sous une forme acceptable par les plus exigeants et de les réutiliser pour tous types d'exploitation sans avoir à les réenregistrer à chaque changement de stratégie.

Pour écrire cet ensemble de programmes, nous avons choisi le langage Pascal plutôt que le Basic, non seulement par goût personnel pour ce langage élégant et efficace, mais aussi parce qu'un programme écrit en Pascal est particulièrement lisible, donc modifiable et adaptable par l'usager lui-même en fonction de besoins spécifiques de sa recherche, ou en fonction du matériel dont il dispose. En outre, la clarté, dans un programme écrit en Pascal, de l'algorithme sous-jacent, rend possible et relativement facile la traduction dans n'importe quel autre langage de programmation évolué.

Ce fascicule de la revue CARNES propose donc principalement la première version de ce "logiciel assyriologique adaptable à d'autres disciplines" écrit en langage Pascal et qui se compose de deux ensembles: 1) Akkad pour l'enregistrement, la gestion et l'impression des données; 2) la série des programmes Xx, pour l'exploitation de ces données.

Akkad est composé d'unités complémentaires utilisées par un programme principal. Il assure plusieurs fonctions complexes: enregistrement de données en translitération, stockage sur disque ou disquettes et manipulation des fichiers ainsi créés, affichage sur écran et impression sur papier avec tous les signes diacritiques.

Akkad permet donc de mettre en forme, conserver et modifier les données, pour une exploitation ultérieure. C'est cette exploitation qui est assurée par la série des programmes Xx, qui ne donne, dans l'état actuel du logiciel, que quelques exemples des possibilités de recherche et d'édition possibles (voir ci-dessous le paragraphe sur les extensions et améliorations prévues).

Xxprepare, compile la structure des données enregistrées sous Akkad et les prépare pour les traitements ultérieurs. Xxindex, permet de créer des index de tous les mots ou, au choix, de mots préalablement codés. Il assure aussi, à la demande, la transcription automatique des translitérations. Xxtri effectue le tri des fichiers issus du programme Xxindex, en prenant en compte aussi bien les particularités de l'alphabet français (signes accentués, c cédille, etc.) que celles de l'"alphabet akkadien" (diacritiques, accents pour les voyelles longues).

Dans cette première version, Akkad et les programmes d'exploitation sont adaptés à une configuration micro-informatique précise: l'AppleII+ avec carte langage Pascal et EnhancerII de Videx, ou l'AppleIIe (qui comporte ces deux extensions en série), la carte Videoterm Videx et une imprimante Centronics 739. Mais, comme nous l'avons déjà dit, le fait qu'ils soient écrits en Pascal et présentés de la façon la plus claire possible en rendra l'adaptation à d'autres systèmes relativement facile. Les versions ultérieures seront proposées pour différents micro-ordinateurs et imprimantes.

Quant au programme Scribe, il illustre les possibilités offertes par la programmation en mode graphique pour l'impression. C'est selon le même procédé qu'est créée la fonte de caractères utilisée par Akkad.

Enfin, il nous a semblé judicieux de donner un exemple d'utilisation du Basic, langage de base de pratiquement tous les micro-ordinateurs. Cette démonstration portera sur un problème très ponctuel: comment traiter des données enregistrées grâce à un logiciel du commerce (en l'occurence, le Data Management System, version 5.1, de Personal Software) pour créer, sur des supports de mémoire de capacité très limitée, un index de taille illimitée et trié selon l'ordre de l'"alphabet akkadien".

1. DESCRIPTION GENERALE DU SYSTEME MICRO-INFORMATIQUE

Pour comprendre la raison d'être et le fonctionnement du logiciel Akkad, il faut savoir en quoi consiste un système micro-informatique, et quels en sont les éléments principaux.

Tout système de ce type comprend au moins un clavier, un écran, une mémoire centale (celle de l'ordinateur lui-même) et une ou plusieurs mémoires périphériques. On y ajoute souvent une imprimante.

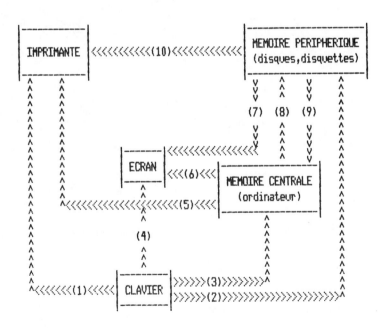

Le clavier génère des codes numériques (ASCII) qui seront ensuite reconnus par les autres parties du système et pourront être transformés en caractères ou en opérations. Certains appareils offrent un clavier programmable permettant de changer l'affectation des codes aux touches. Mais ces opérations resteront presque toujours limitées par le nombre standard des codes ASCII disponibles.

Enfin, peu d'utilisateurs seraient capables de faire fonctionner leur micro-ordinateur s'il n'offrait, dès sa livraison, des programmes liés au système, et en particuler un éditeur de textes et un système de gestion de fichiers sur mémoire périphérique.

L'éditeur de texte standard livré avec chaque micro-ordinateur est destiné à aider à programmer. Sa nature et ses capacités varient donc beaucoup en fonction du langage de programmation pour lequel il est conçu: un éditeur pour Basic ne sera utilisable que pour la programmation, alors qu'un éditeur pour Pascal, langage plus proche, par sa forme, du langage naturel, pourra éventuellement servir d'éditeur de textes à tous usages. Malgré cela, nous avons choisi de recréer de toutes pièces un éditeur de texte pour notre logiciel Akkad, afin d'en dominer totalement le développement et de l'adapter le plus parfaitement possible à la logique de son usage très spécifique.

Quant au système de gestion de fichiers, sans remplacer totalement celui du système, nous en avons écrit un nouveau pour Akkad, offrant des possibilités importantes de manipulations (mélanges et partition de fichiers) et d'accès direct sur mémoire périphérique, pour effectuer diverses opérations sur de gros fichiers sans avoir à les charger par morceaux en mémoire centrale.

2. AKKAD ET LA SERIE XX: LOGICIEL ASSYRIOLOGIQUE ECRIT EN PASCAL ET ADAPTABLE A D'AUTRES DISCIPLINES

2.1 DESCRIPTION D'AKKAD, DE LA SERIE XX ET DU MATERIEL

Le système proposé ici se compose de quatre ensembles complémentaires:

- Un éditeur de texte travaillant en mémoire centrale offrant tous les signes traditionnellement utilisés par les assyriologues et les sumérologues, ainsi que de nombreux signes accentués utilisés pour les transcriptions et pour les traductions en français (126 en tout). Cet éditeur permet de créer, modifier et corriger le texte directement à l'écran. Toutes indications seront données afin que les spécialistes d'autres disciplines ou utilisateurs d'autres langues que le français puissent redéfinir les caractères selon leurs besoins.

- Un système de sauvegarde et de chargement de fichiers assurant les échanges entre la mémoire centrale de l'ordinateur et les mémoires périphériques (disquettes ou disques). Outre les fonctions normalement assurées par ce type de d'outil, il permet aussi de ne charger en mémoire centale qu'une partie d'un fichier ou d'insérer dans un fichier resté sur disque un texte créé ou modifié par l'éditeur en mémoire centrale.

La combinaison de ces deux systèmes allie la souplesse d'utilisation à l'efficacité. En effet, toutes les sortes de manipulations sont possibles sur les fichiers: partition, ajout ou insertion d'un fichier dans un autre, modification en mode page par chargement en mémoire centrale ou ligne à ligne par accès direct sur le disque, etc. Par ailleurs, la taille de chaque fichier n'est limitée que par la taille de la mémoire périphérique.

- Un programme d'impression sur imprimante à aiguilles Centronics 739 en mode graphique, donnant sur le papier exactement les mêmes signes qu'à l'écran et conçu pour pouvoir imprimer non seulement les fichiers créés sous Akkad, mais aussi les fichiers créés par les programmes de la série Xx dont le format est différent.

- Enfin, nous présentons, avec la série des programmes Xx, quelques exemples de traitement des données assyriologiques entrées, codées et gérées sous Akkad, pour donner une idée du sens dans lequel nous comptons développer cet outil.

Xxprepare, assure le préparation des données pour permettre les traitements ultérieurs. Il analyse la structure de l'enregistrement primaire issu d'Akkad, émet des diagnostics d'erreur et crée un nouveau fichier dont la structure est indépendante du système d'enregistrement en lignes de 80 caractères.

Xxindex, réalise l'indexation automatique de tous les mots ou, au choix, de mots préalablement codés par un ou deux caractères. Il assure aussi, à la demande, la transcription automatique des translitérations, grâce à l'unité Xxtrans. Le fichier créé par Xxindex présente trois champs contenant respectivement la chaine de caractères respectant les conventions habituelles de la translitération, la chaine nettoyée de ses éventuels crochets et éventuellement transcrite, et enfin la référence correspondante. Enfin, Xxtri assure le tri d'un fichier issu du programme Xxindex, en prenant en compte les particularités de l'"alphabet akkadien".

Pour utiliser ce logiciel sans modification, il faut disposer d'un AppleII+ avec carte langage Pascal et EnhancerII de Videx, ou d'un AppleIIe (qui comporte ces deux extensions en série); de la carte Videoterm de Videx et d'une imprimante Centronics 739. Par ailleurs, si l'on désire reprogrammer soi-même le générateur de caractères de la carte Videoterm, il convient de disposer d'un programmeur d'EPROM (dans le genre du Romwriter de Mountain Hardware) et, pour faciliter cette opération, du programme Font Editor commercialisé par Videx dans la série Videoterm Utilities. Par contre, si la fonte proposée plus bas convient, on pourra plus simplement se procurer une EPROM programmée auprès d'UNDENA.

Par ailleurs, l'utilisateur devra être familiarisé avec les commandes du système standard de l'Apple Pascal (voir l'Operating System Reference Manual) sur lequel se greffent le logiciel et les programmes proposés ici et dont ces derniers conservent certaines des caractéristiques (règles de dénomination des fichiers, par exemple). L'usage direct de ce système standard sera en outre indispensable pour lancer les programmes et pour gérer les catalogues de fichiers sur disques et disquettes.

2.2 PRESENTATION ET MODE D'EMPLOI D'AKKAD

2.2.1 Mise en route et menu principal

Akkad se présente sous la forme d'un programme principal abritant le "menu" et appelant divers programmes ou procédures stockés sous forme d'"unités" (Akkaddiv, Akkadfich, Akkadpage et Akkadimpr).

L'essentiel du système d'édition, de stockage et d'impression est concentré dans les unités Akkadfich, Akkadpage et Akkadimpr dont nous reparlerons. Quant à l'unité Akkaddiv, elle contient des procédures communes aux trois autres unités, et en particulier les procédures permettant l'affichage à l'écran des signes spéciaux accentués ou à diacritiques.

Le fichier baptisé Akkadcentr contient les codes qu'utilise l'unité Akkadimpr pour dessiner point par point, sur Centronics 739, des lettres à peu près identiques à celles qui apparaissent à l'écran.

L'ensemble de ces unités liées entre elles dépassant la capacité de la mémoire de l'ordinateur, nous avons du faire appel à la technique d'"overlaying"; certaines parties du logiciel ne sont mises en mémoire que lorsqu'elles sont utiles. C'est pourquoi le programme demandera parfois à l'utilisateur de s'assurer que la disquette contenant Akkad.code est bien en place, afin de pouvoir y prendre les éléments dont il a besoin pour continuer sa tâche.

Pour utiliser Akkad, il faut disposer de la disquette contenant unités et programmes, ainsi que de l'EPROM contenant le générateur de caractères.

2.2.1.1. Entrée, compilation et "linkage" par l'utilisateur

Si l'utilisateur a choisi de ne pas acheter la disquette fournie par UNDENA et désire entrer lui-même programmes et unités, il pourra le faire en recopiant, grâce à l'éditeur standard du Pascal Apple, les textes d'Akkad, Akkaddiv, Akkadfich, Akkadpage et Akkadimpr donnés ci-dessous, sans recopier les numéros de lignes.

Il faudra bien prendre soin d'ajouter, si nécessaire le nom de la disquette ou le code du lecteur dans les options de compilation suivant USES: voir l'explication paragr.2.5.1.2.

Chaque unité ou programme devra ensuite être compilé (option "C" du système Pascal Apple), en prenant bien soin de commencer par Akkaddiv (qu'utilisent tous les autres programmes et unités), de traiter Akkadfich avant Akkadpage, et de terminer par Akkad. Il faudra enfin effectuer le "Linkage", par le Linker du système Pascal Apple (voir OSRM 176 ss.). C'est le fichier Akkad.code ainsi obtenu qui contiendra tous les élément utiles au fonctionnement d'Akkad, excepté la fonte de caractères qu'il faudra enregistrer grâce au programme Akkadcreef (voir ci-dessous, paragr.2.5.6).

2.2.1.2. Programmation du générateur de caractères

Dans cette première version du logiciel, le générateur de caractères ne peut être programmé qu'avec l'aide d'un dispositif programmeur d'EPROM. Si donc l'utilisateur ne dispose pas de l'EPROM programmée fournie par UNDENA, il devra se procurer un dispositif de ce genre. Nous avons utilisé le Romwriter de la firme Mountain Hardware et le programme Font Editor de la disquette Videoterm Utilities de Videx. Pour la marche à suivre, voir la notice fournie avec la disquette Videoterm Utilities.

2.2.1.3 Installation du fichier Akkad.code et de l'EPROM

Avant d'utiliser le logiciel, il faut remplacer l'ancien générateur de caractères de la carte Videoterm par le nouveau (suivre les indications de la notice livrée avec la carte).

Il est en outre recommandé de transférer, par l'option "T" du Filer standard du Pascal Apple, le fichier Akkad.code sur la disquette Pascal AppleI, c'est à dire sur la disquette d'amorçage (boot disk); d'autant plus que certaines fonctions d'Akkad (procédures en "accès direct") emploient l'unité Pascalio de la System.library standard qui se trouve précisément sur cette disquette AppleI. Il sera très commode de laisser cette disquette le plus souvent possible dans le premier lecteur.

Si on désire imprimer du texte sur Centronics 739, il sera également commode de garder sur cette même disquette le fichier contenant la fonte pour l'impression (type Akkadcentr).

2.2.1.4 Menu principal

Après avoir lancé le programme par la commande "X" du système Pascal de l'AppleII et donné le nom du programme Akkad, on voit apparaître en haut de l'écran le menu principal:

"Akkad: D(isque E(diteur I(mprimer Q(uitter ".

Les trois premiers choix offerts correspondent aux unités Akkadfich, Akkadpage et Akkadimpr, assurant repectivement la gestion des fichiers sur disque et leurs relations avec la mémoire centrale (sauvegarde, chargement, etc.), l'édition en mémoire centrale avec affichage sur l'écran en mode page, et l'impression sur Centronics 739.

2.2.2 L'Editeur en mode page

2.2.2.1 Les commandes et les opérations

2.2.2.1.1 Le niveau Editeur

En appuyant sur la commande "E" (en majuscule ou en minuscule) on passe au niveau Editeur qui offre le menu suivant.

"Editeur: Curseur('O/'L/<-/->) D(isque R(éinitial. Q(uitter S(auver"

"D" permet, à ce niveau aussi, de passer dans Akkadfich, comme le choix "D" du menu général d'Akkad, pour effectuer toutes sortes d'opérations sur les fichiers au niveau Disque (voir paragr.2.2.3).

Quant à la commande "S", elle envoie aussi dans l'unité Akkadfich, pour sauvegarder un fichier. Les accidents de parcours étant toujours possibles, il est conseillé de sauvegarder souvent le texte sur disque (voir ci-dessous paragr.2.2.3.6).

Les commandes permettant, au niveau suivant, le niveau Curseur, de déplacer le curseur dans le texte sont rappelées entre parenthèses: contrôle-O pour monter, contrôle-L pour descendre, flèche gauche (correspondant à contrôle-H) pour aller vers la gauche et flèche droite (correspondant à contrôle-U) pour aller à droite. On notera que, dans notre logiciel, et dans le commentaire, des notations comme "Contrôle-X", "Ctrl-X", "'X" ou " X", sont équivalentes et correspondent à la frappe de la lettre représentée ici par "X", tandis que l'on garde la touche "ctrl" pressée.

S'il nous a semblé utile de donner ces commandes de mouvements du curseur dès le niveau Editeur, c'est parce qu'elles servent aussi à passer du niveau Editeur au niveau Curseur. C'est en effet en activant n'importe laquelle de ces quatre commandes, que l'on peut passer au niveau Curseur. Mais si on tente de le faire lorsqu'aucun texte n'est en mémoire centrale, un message rappelle qu'il n'y a rien en mémoire.

Pour continuer, et pour entrer dans la page-écran vide, il faut d'abord utiliser la commande "R" qui provoque l'affichage de la question suivante: "Combien de lignes anciennes voulez-vous garder?:". On doit évidemment répondre "0" s'il n'y a rien en mémoire centrale, ou si on veut réécrire sur ce qui s'y trouve.

La commande "R" sera aussi très utile si la mémoire centrale est supposée contenir un texte dont on a perdu le contrôle en sortant accidentellement du logiciel, par erreur de manipulation ou à la suite d'une erreur fatale imputable au système. On pourra souvent récupérer le texte en donnant le nombre de ses lignes, en réponse à la question affichée par cette commande.

On peut aussi, avant d'entrer dans la page-écran, charger un texte depuis une mémoire périphérique (voir paragr.2.2.3.2). Dans ce cas, le passage par la commande "R" n'est pas utile, pour entrer dans la page-écran.

2.2.2.1.2 Le niveau Curseur

Le menu du niveau Curseur se présente ainsi:

" Curseur: 'O 'L <-- --> B(as D(tr E(dit H(aut I(ns P(ge R(ec V-".

Les commandes de déplacement du curseur sont rappelées en premier. Notons que, lorsque le curseur atteint les limites de l'écran, le texte avance, ligne par ligne si on descend, mi-ecran par mi-ecran si on monte.

Les autres commandes, excepté "E" qui permet de retourner au niveau Editeur, servent à modifier, manipuler ou contrôler le texte.

"B" permet d'afficher directement le bas du texte sans avoir à le faire défiler en entier.

"H" permet d'afficher le haut du texte, c'est à dire la permière page d'écran.

Notons qu'il faudra obligatoirement activer "B" ou "H" pour afficher le texte, avant de pouvoir activer une autre commande; et cela même si aucun texte n'est en mémoire centrale.

"P" fait défiler le texte à l'écran page par page, ou plus exactement par blocs successifs de vingt lignes.

"D" sert à détruire une ligne, une série de lignes, ou tout le texte (on pourrait atteindre ce dernier résultat aussi en retournant au niveau Editeur et en utilisant la commande "R").

Pour renoncer à une destruction de lignes et retourner au niveau Curseur, il suffit de donner un numéro de ligne illégal, comme par exemple une lettre ou un signe de ponctuation.

La commande "R", au niveau Curseur, permet de réunir deux lignes en une seule, à condition que la ligne résultante contienne au plus 78 caractères. On doit entrer, en réponse aux questions affichées sur la ligne de commandes, le numéro des deux lignes à réunir en donnant en premier le numéro de la ligne à conserver. On pourra ainsi réunir sur l'emplacement de la ligne 7 le contenu de la ligne 7 et de la ligne 4, en répondant d'abord "7" puis "4". La ligne 4 sera automatiquement détruite.

Cette commande "R" peut servir à déplacer une ligne: il suffit, par "I", d'insérer une ligne vide à l'emplacement de destination, puis de réunir la ligne vide et la ligne à déplacer par "R".

Pour renoncer à une réunion de lignes et retourner au niveau Curseur, on peut, comme pour la fonction de destruction, donner un numéro de ligne illégal (une lettre ou un signe de ponctuation, par exemple).

"V" permet de visualiser à l'écran une partie des compteurs qu'utilise le programme pour gérer le texte. Lorsque cette commande est activée, au niveau Curseur, un signe plus s'affiche à la droite du "V", et, dès le mouvement suivant du curseur ou bien dès que l'on active une commande d'affichage ("H", "B" ou "P"), on voit apparaître en haut à droite de l'écran un petit tableau donnant les indications suivantes: numéro de la ligne du texte où se trouve le curseur ("lign_txt"), numéro de la ligne d'écran où se trouve le curseur ("lign_ecr"), numéro de la lettre sur laquelle se trouve le curseur sur la ligne ("lettre"), numéro de la première ligne du texte apparaissant à l'écran ("haut_ecr"), longueur de la ligne où se trouve le curseur ("long_lig"), et enfin nombre total de lignes de texte présentes en mémoire centrale ("nb_lg_mx").

L'affichage du tableau est réactualisé à chaque mouvement du curseur, au niveau Curseur. Il est évident que, lorsque l'affichage du tableau mord sur le texte, ce dernier n'est nullement altéré. Pour effacer le tableau, il suffit de désactiver la commande "V" par une nouvelle pression sur la touche de cette lettre, au niveau Curseur, puis de refaire un affichage du texte par "H", "B", ou par des mouvements adéquats du curseur.

2.2.2.1.3 Le niveau Insertion

"I", activé depuis le niveau Curseur, permet d'insérer du texte. Si la "page" est vierge et si on vient d'y entrer en répondant "0" au message de Réinitialisation, il faudra activer, comme nous l'avons dit plus haut, une des commandes d'affichage "B" ou "H", avant de pouvoir activer "I" pour commencer à écrire.

Pour continuer un texte, on doit positionner le curseur à la fin, après le dernier caractère, avant d'activer "I". Pour effectuer une insertion dans un texte, on doit positionner le curseur avant la ou les lettres précédant l'insertion. L'activation de "I" provoque le renvoi provisoire de la fin de la ligne vers la droite, permettant ainsi d'insérer autant de texte, et même de lignes, que l'on désire. Pour l'utilisation du clavier en mode insertion, voir ci-dessous, paragr.2.2.2.2 et 2.2.2.3.

C'est également grâce à la commande "I" que l'on peut effacer du texte: il suffit de positionner le curseur après la ou les lettres à effacer, puis d'activer "I" et de reculer le curseur vers la gauche sur les lettres à effacer. Il s'agit d'une sorte d'insertion négative. On peut immédiatement réécrire sur l'espace effacé en restant en mode insertion, ou le supprimer en repassant au niveau curseur.

La fin de l'opération d'insertion est obtenue par contrôle-P, comme l'indique la ligne de commande correspondant à ce niveau:

"Insertion: 'P pour retourner au niveau curseur ".

Au cas où le texte, après une insertion, se présenterait différemment de ce que l'on attendait, il serait toujours prudent de refaire un affichage (par "H", "B", "P" ou par des mouvements du curseur), avant d'envisager une correction de la partie incriminée: on s'assurera ainsi que l'affichage correspond bien au contenu de la mémoire et que l'anomalie ou l'erreur constatée n'est pas seulement sur l'écran mais aussi dans le tableau en mémoire centrale.

Ces commandes sont suffisantes pour enregistrer un texte facilement et confortablement. La principale originalité de l'Editeur en mode page d'Akkad est de disposer d'un grand nombre de caractères spéciaux et de lettres accentuées, grâce à l'exploitation par programme (dans l'unité Akkaddiv) de toutes les possibilités de la carte Videoterm.

Examinons cette police de caractères et l'organisation correspondante du clavier, avant d'exposer les caractéristiques du système de fichiers.

2.2.2.2 La police de caractères

```
|  ë  ˥  ï  š  Š  ṭ  ◆  °  ū  ü  ô  ǧ     ℓ  ∴

\  Ṭ  ṣ  ī  ˥  Ṣ  )  ē  (  ξ  î  û  Ǧ  ✳

!  "  #  $  %  ₱  ´  <  >  ✳  +  ,  -  ·  ⁄

0  1  2  3  4  5  6  7  8  9  :  ;  <  =  >  ?

à  A  B  C  D  E  F  G  H  I  J  K  L  M  N  O

P  Q  R  S  T  U  V  W  X  Y  Z  [  ç  ]  ↑  _

`  a  b  c  d  e  f  g  h  i  j  k  l  m  n  o

p  q  r  s  t  u  v  w  x  y  z  é  ù  è  ş  ê
```

2.2.2.3 Le clavier

Pour obtenir, par les actions sur le clavier décrites ci-dessous, les caractères de la police présentée au paragraphe précédent, il faut avoir préalablement activé la carte Videoterm par un shift-reset. Comme sur une machine à écrire, les caractères en position haute sont obtenus en pressant shift en même temps que la touche. On peut bloquer le clavier en position majuscule par une seule pression sur la touche ctrl, et le débloquer ensuite par une pression sur une touche shift.

Lorsque les actions sur le clavier ne provoquent pas l'effet attendu, il suffira le plus souvent de réactiver la carte videoterm par shift-reset. Si cela ne suffit pas, on pourra tenter un contrôle-a. En effet, une pression sur cette séquence de touches provoque parfois un blocage en "upper case" dont on ne peut sortir que par un nouveau contrôle-a.

Tout autre trouble serait imputable au matériel, ou à une mauvaise installation de l'EPROM générateur de caractères sur la carte Videoterm.

2.2.3 Le système de gestion des fichiers

Le choix de la commande "D" au niveau principal permet de passer au niveau Disque. Rappelons qu'on peut aussi y passer directement depuis l'Editeur, lorsqu'on désire sauvegarder un fichier. Le menu se présente sous la forme suivante:

"DISQUE: A(ccès-drct C(hrger E(ffcr I(nit L(ire S(auver Ctrl-P=Quit"

2.2.3.1 Le mode "Accès direct"

La commande "A" permet d'afficher la ligne de commandes du niveau Accès direct:

"ACCES DIRECT: A(jouter C(orriger I(nspecter Q(uitter"

Ces commandes permettent d'accéder aux enregistrements d'un fichier sur mémoire périphérique sans le charger en mémoire centrale. Il suffit d'indiquer le numéro séquentiel de l'enregistrement, que l'on aura pu repérer grâce à la commande Lire (voir ci-dessous, paragraphe 2.2.3.5). On pourra ainsi inspecter des enregistrements, les corriger, ou en ajouter à la fin du fichier.

Cette procédure comporte, dans la présente version d'Akkad, quelques limitations: pour modifier une ligne, il faut la rentrer à nouveau toute entière; en outre, si l'on veut ajouter en accès direct une ou plusieurs ligne à la fin du fichier, il faut s'assurer auparavant que l'on dispose d'un espace libre suffisant, sur le disque, juste après le fichier concerné. Pour cela, il faudra sortir d'Akkad et utiliser les commandes du Filer standard du système Pascal Apple (commande "E" pour une liste "étendue" des fichiers sur disque, puis réorganisation des fichiers sur le même disque ou par recopie sur un autre, par l'option "T"; voir Operating System Reference Manual 34 ss. et particulièrement p.37). Notons enfin que les numéros de lignes ou d'enregistrements affichés lors des procédures en accès direct sont volatiles et ne sont pas stockés en mémoire.

Ces procédure en accès direct sont très commodes pour effectuer des corrections ponctuelles sur de gros fichiers. Pour des corrections ou mise à jour plus importantes, on aura intérêt à utiliser la combinaison de procédures décrite au paragraphe 2.2.3.7.

2.2.3.2 Chargement, en mémoire centrale, d'un fichier venant d'une mémoire périphérique

La commande "C" du niveau Disque provoque l'affichage de la ligne de commandes suivante:

"CHARGER: P(artie d'un fichier T(out un fichier"

Elle sert à charger des enregistrements et à les recopier en mémoire centrale. On pourra charger tout un fichier, ou bien seulement une partie en donnant les numéros de la première et de la dernière ligne de la séquence choisie. Afin de sélectionner facilement ces numéros, on peut demander un listage du fichier en répondant "0". Il sera prudent de bien noter les numéros choisis, afin de pouvoir éventuellement réinsérer cette séquence au même endroit dans le fichier (voir ci-dessous, paragraphe 2.2.3.7).

Si on a choisi de charger un fichier entier, le programme commence par le lire afin de s'assurer qu'il n'est pas trop gros pour la capacité de la mémoire centrale. Si c'est le cas l'utilisateur est automatiquement prié de n'en charger qu'une partie.

On peut sortir du niveau Charger sans y effectuer aucune opération, par un simple retour chariot.

2.2.3.3 Effacement d'enregistrements dans un fichier en mémoire périphérique

Le choix de "E" permet de faire une recopie d'un fichier en supprimant, sur la copie, une série de lignes choisies. Cette possibilité est très utile dans le cas où, après avoir chargé et modifié en mémoire centrale une partie d'un fichier, on désire supprimer les lignes anciennes dans le fichier originel, avant ou après la réinsertion des lignes modifiées (cf. paragraphe 2.2.3.7).

Il est possible d'utiliser cette procédure en recopiant le fichier dans lui-même, si l'on donne à la copie le nom du fichier d'origine. Mais cette manoeuvre est dangereuse: en cas d'incident, le fichier risque d'être difficilement récupérable. Si l'on doit néanmoins procéder de cette manière - pour des raisons de place disponible sur le disque par exemple - on sera bien avisé de faire auparavant une copie de sauvegarde.

2.2.3.4 Initialisation de fichiers, et du tableau en mémoire centrale

La commande "I" sert à débuter aussi bien un fichier sur disque que le tableau en mémoire centrale. Cette procédure permet de créer un fichier directement sur le disque, ou un tableau en mémoire centrale, sans passer par l'Editeur en mode page. Le fichier ou le tableau ainsi créés peuvent être chargés, sauvés ou manipulés comme n'importe quel fichier ou tableau créé par l'Editeur.

Cette procédure permet, en complément des commandes du niveau Accès direct, de se passer complètement de l'Editeur en mode page, si on préfère travailler directement sur les mémoires périphériques. En outre, elle est particulièrement utile pour les débutants: afin de se familiariser avec les commandes de gestion des fichiers, il est vivement conseillé de créer ainsi un fichier et un tableau expérimentaux et de les soumettre à toutes les manipulations possibles, avant de le faire sur des fichiers plus importants.

2.2.3.5 Lecture de fichiers, et du tableau en mémoire centrale

La commande "L" assure le lecture rapide, à l'écran, d'un fichier sur disque ou du tableau en mémoire centrale. Le programme ajoute des numéros de lignes qui n'existent que le temps de la lecture à l'écran. On peut contrôler le listage à l'écran par ctrl-S: cette commande stoppe le défilement. Il suffit ensuite d'appuyer n'importe quelle touche pour que le défilement continue.

2.2.3.6 Sauvegarde du contenu de la mémoire centrale sur une mémoire périphérique

L'activation de la commande "S" fait apparaître le menu suivant:

"SAUVER: A(jouter I(nserer S(eul"

"S", à ce niveau, permet de stocker sur disque le tableau venant de la mémoire centrale comme un tout. On doit prendre garde au fait que si un fichier portant ce nom existe déjà sur le disque, il sera effacé pour être remplacé par le nouveau texte. Un message, à l'écran, rappelle ce danger.

On notera que, lorsque l'on est dans l'Editeur en mode page, au niveau Editeur, et que l'on désire sauver un texte, on peut le faire très rapidement en envoyant une suite de quatre "S": le premier correspond à "Sauver" du niveau Editeur; le second répond au message "Assurez-vous que le fichier Akkad.code est sur la disquette..." (ici n'importe quelle autre touche aurait aussi convenu, et il faut avant de la presser s'assurer que la condition demandée est bien remplie); le troisième correpond à "Sauver" du niveau Disque; enfin le quatrième correspond à "Seul" du niveau Sauver. Cette séquence de quatre "S" facilite les sauvegardes fréquentes du texte travaillé en mémoire centrale, démarche toujours vivement conseillée, quelle que soit la fiabilité du système utilisé.

"A" permet simplement d'ajouter le texte que l'on désire stocker sur disque à la fin du fichier dont on donnera le nom. Comme nous l'avons signalé pour les procédures en accès direct, il faudra s'assurer, avant d'ajouter un fichier à un autre, que la place nécessaire est disponible sur le disque (voir paragr.2.2.3.1.

"I" assure l'insertion, à l'intérieur d'un fichier existant, du tableau venant de la mémoire centrale. On doit indiquer avant quelle ligne du fichier on désire insérer. Ici aussi, on peut visualiser le fichier afin de repérer le numéro de ligne adéquat.

Un simple retour chariot permet de sortir du niveau Sauver sans y effectuer aucune opération.

2.2.3.7 Stratégies pour la maintenance de gros fichiers

Comme nous l'avons dit paragraphe 2.2.3.1, il est possible de faire toutes les opérations de maintenance en accès direct sur un fichier de n'importe quelle taille, y compris l'effacement d'enregistrements par "Effcr", et l'insertion de nouveaux enregistrements en les créant en mémoire centrale par "Init" puis en les insérant dans le fichier par "Inserer" au niveau Sauver.

Ce type de stratégie conviendra si le fichier est constitué d'enregistrements courts et simples. Dans le cas contraire le passage par l'Editeur en mode page permettra de travailler dans de bien meilleures conditions. La stratégie à suivre alors est fondée sur la combinaison des trois commandes "Partie" (niveau Charger), "Inserer" (niveau Sauver) et "Effcr" (niveau Disque) qui permettent de charger en mémoire centrale une partie d'un fichier, de travailler cette dernière en mode page, et de la remettre en place, corrigée, dans son fichier d'origine.

Pour illustrer cette démarche, prenons un exemple: Imaginons que l'on ait, sur disque ou disquette, un fichier nommé "essai" et comportant les quatre lignes ou enregistrements suivants: "one, deux, trois, five"; et que grâce à la commande "Partie" du niveau "Charger", on ait copié la seconde et la troisième lignes de ce fichier en mémoire centrale, "deux, trois"; puis que l'on ait transformé, par l'Editeur en mode page (donc toujours en mémoire centrale), ces deux lignes en trois nouvelles: "two, three, four"; et que l'on désire maintenant réintégrer cet espace corrigé et agrandi dans le fichier "essai", sur le disque ou la disquette.

Pour cela, deux cheminements peuvent être envisagés: (1) suppression des anciennes lignes deux et trois par "Effcr". On obtient: "one, four, five". Puis insertion, par "Inserer" au niveau Sauver, dans ce nouveau fichier, des lignes venant de la mémoire centrale. On obtient:"one, two, three, four, five". (2) insertion, dans le fichier "essai" des lignes corrigées. On obtient: "one, deux, trois, two, three, four, five". Puis suppression des lignes désormais inutiles par "Effcr" pour obtenir: "one, two, three, four, five".

Pour des raisons de sécurité, nous conseillons la première démarche. En cas d'erreur de manipulation ou d'exécution lors de l'insertion (manque de place sur le disque, par exemple), le fichier originel aura été conservé dans l'état où il était avant les opérations. En outre, si le texte que l'on désire ramener de l'éditeur vers le disque représente un temps de travail important, il sera prudent, avant toute manipulation, de le sauver seul (commande "Seul" du niveau Sauver) sous un nom provisoire. En général il sera prudent de toujours garder sous la main une disquette formattée qui servira à ces sauvegardes intermédiaires de sécurité.

2.2.4 Le système d'impression

2.2.4.1 Description

Le système d'impression correspond à l'unité Akkadimpr. On y entre par la commande "I" du niveau principal. Il permet d'imprimer en mode graphique sur Centronics 739 les fichiers créés par l'Editeur en mode page, par les commandes d'accès direct du niveau Disque, ou par les programmes d'exploitation des données que nous présenterons plus loin. Il utilise les codes contenus dans le fichier Akkadcentr, dont on doit s'assurer qu'il est en ligne au debut de l'exécution du programme, afin que les codes puissent être chargés en mémoire centrale.

En mode graphique, la tête de la Centronics 739 imprime par bandes de six points. C'est insuffisant pour générer des caractères d'imprimerie, surtout lorsque certains comportent des accents ou des signes diacritiques sur ou sous la lettre. Il a donc fallu écrire les caractères en deux passages: on imprime d'abord le haut de la ligne, puis le bas. On peut ainsi coder des signes sur 12 points en hauteur. Quant à la largeur, nous avons choisi 6 points.

Le codage de la fonte de caractères en mode graphique point par point a l'avantage considérable de permettre à l'utilisateur de redéfinir assez facilement la forme des caractères. Pour comprendre le principe du codage point par point, il suffit d'examiner les tableaux présentés aux paragraphes suivants.

Le programme Carimpr, présenté plus bas peut aider l'utilisateur à redéfinir et coder sa propre fonte et à la transformer en fichier du même genre que Akkadcentr, dans lequel le programme d'impression ira chercher les codes nécessaires à l'imprimante.

Les questions posées par le programme d'impression n'appellent pas de commentaire. Notons toutefois qu'il faut donner le nom complet du fichier à imprimer, avec le code du lecteur (voir Apple Pascal Operating System Reference Manual, p.26) et l'éventuel suffixe, qui a pu être ajouté automatiquement si le fichier provient d'un de nos programmes d'exploitation des données (.pre, .lex ou .tri).

2.2.4.2 Le codage graphique d'une imprimante à aiguilles

Ces codes, ainsi que la hauteur de la tête d'impression peuvent varier selon le type d'imprimante, mais le principe reste généralement le même. Dans le tableau ci-dessous, chaque "x" indique une aiguille sortie, et chaque "o", une aiguille inactive. Les nombres entre parenthèses sont les codes ASCII. Ainsi, par exemple, pour que l'imprimante ne marque qu'un point sur les six, et tout en haut de la tête, il faudra lui faire parvenir le point d'exclamation, ou le code ASCII 33.

TABLEAU DES CODES ACTIVANT LES AIGUILLES DE L'IMPRIMANTE
(Cf. Notice Centronics 739 pp.3-9)

espace (32)	! (33)	" (34)	# (35)	$ (36)	% (37)	& (38)	' (39)
((40)	) (41)	* (42)	+ (43)	, (44)	- (45)	. (46)	/ (47)
0 (48)	1 (49)	2 (50)	3 (51)	4 (52)	5 (53)	6 (54)	7 (55)
8 (56)	9 (57)	: (58)	; (59)	< (60)	= (61)	> (62)	? (63)
@ (64)	A (65)	B (66)	C (67)	D (68)	E (69)	F (70)	G (71)
H (72)	I (73)	J (74)	K (75)	L (76)	M (77)	N (78)	O (79)
P (80)	Q (81)	R (82)	S (83)	T (84)	U (85)	V (86)	W (87)
X (88)	Y (89)	Z (90)	[(91)	\ (92)	] (93)	^ (94)	_ (95)

N.B. La croix indique une aiguille sortie et le rond une aiguille inactive.
Les nombres entre parenthèses sont les codes ASCII correspondants.

2.2.4.3 Le codage des caractères pour impression en deux passages

Le tableau ci-dessous montre comment nous avons défini chaque signe à l'aide des codes donnés ci-dessus et comment nous l'avons codé en deux parties distinctes, le haut et le bas, pour imprimer en deux passages. Ainsi, par exemple, pour imprimer le "i" avec accent circonflexe (numéro 28), on enverra à l'imprimante les codes espace, 4, R, dollar, deux espaces au premier passage, puis les codes dollar, dollar, apostrophe, dollar et deux espaces au second passage. Les numéros d'ordre des signes (de 0 à 127) correspondent aux codes ASCII.

On pourra facilement composer n'importe quel caractère en utilisant, sur papier quadrillé, deux matrices de 6 sur 6, et en y dessinant le haut et le bas du signe désiré, puis en recherchant les codes nécessaires dans le tableau des codes donné ci-dessus.

	0	1	2	3	4	5	6	7	8	9	10
code	_	@404@	$$\	4P$	@_48	8EFE(	!0\0	@0P@	,22,	T$$T	P$ T
lower	_	$ZZZ		$$'$	ZZZ"	"$$$$	$44"	$!$"		$$$$$	$$$$$

	11	12	13	14	15	16	17	18	19	20	21
code	@424@	@424R		\D8	&&		,0@	$$\$$	@000	444D	$4T$
lower	$$$$$	xxx-		/((	$$ $$		$&	7	55%"	"ZZZ"	$$'$

	22	23	24	25	26	27	28	29	30	31	32
code	\$$	8DDDC	$8@	@444D	@8$	\4$	4R$	P$"T	X&%&)	H4H4H	
lower		"44$$	$$	$ZZZ	$$	"55(	$$'$	$$$$$	$$$%$	"%"%"	

	33	34	35	36	37	38	39	40	41	42	43
code	\	< <	0\0\0	8D^D(	,,@0(	\$DH	0($	P($	$(P	(PXP(	@@X@@
lower	)		!/'/!	"$/$$	"! &&	?$		"$	$"!	! ! !	$

	44	45	46	47	48	49	50	51	52	53	54
code	@@	@@@@@	@@	@0,	X$$X	($\	($D4(	($DD8	@PH\@	<444D	PHDD$
lower	)'		!!	&!	$$$$	$'$	&%$$$	"$$$$	'	"$$$$	$$$$$

55	56	57	58	59	60	61	62	63	64	65
!$$D4,	!8DDD8	!8DDDX	! 88	! 88	!@0($	!000000!	$(0@	!8$$D8	! 248@	!P($(P

66	67	68	69	70	71	72	73	74	75	76
!\DDD8	!X$$$(	!\$$(P	!\DD$$	!\DD$$	!X$$$(	!\@@@\	!$$\$$	! \	!\@0($	!\

77	78	79	80	81	82	83	84	85	86	87
!\(0(\	!\(0@\	!X$$$X	!\DDD8	!X$$$X	!\DDD8	!8DDD(	!$$\$$	!\ \	!\ \	!\ \

88	89	90	91	92	93	94	95	96	97	98
,0@0,	,0@0,	!$$D$,	! \$$	!@000@	!$$\	!0(\(0 !		! $(0	! 000@	!L000@

99	100	101	102	103	104	105	106	107	108	109
!@000@	!@000L	!@000@	!0X4$(	!@000P	!L000@	! 0T	! T	!\ @0	! $\	!F0@0@

```
      110    111    112    113    114    115    116    117    118    119    120
     !P000@ !@000@ !P000@ !@000F !0P00@ !@000  !0\0   !P  P !P  P !P  P !0@ @0 !
     !      !      !      !      !      !      !   X   !     !     !     !      !
     !      !      !      !      !      !      !   X   !     !     !     !      !
     !XXXX  ! XX X !XXXX  ! XXXX !XXXX  ! XXX  !XXX   !X  X !X  X !X  X !X  X  !
     !    X ! X  X !     X !X   X !    X !      ! X    !     !     !     !      !
     !X   X !X   X !X   X !XXXX  !X     ! XXX  ! XXX  !X  X !X  X !X XX !X  X  !
     !X   X !XX XX !X   X !X     !X     !  XX  !  XX  ! XX  ! XX  !X  X ! X X  !
     !      !      !      !      !      !      !      !     !     !     !      !
     !'   ' !$$$$$ !?""" !"""? !'   ' !   ZZZ" ! $$$" !$$$$$ !"$" !$$$$$ !$"!$ !

      121    122    123    124    125    126    127
     !P  P !000P0 !@B42@ !R$(P !@248@ ! 424@ !@424@ !
     !     !      !   X  ! X   !   X  ! X X  ! X X  !
     !     !      !   X  ! X   !  X   ! XXX  ! XXX  !
     !X  X !XXXXX ! X    ! XXX !  X   ! XXX  ! XXX  !
     ! XXXX!X     !XXXXX ! X X !XXXXX ! XXX  ! X    !
     !XXXX !X     ! XXX  ! X X ! XXX  ! XXX  ! XXX  !
     ! XXX !      !      !     !      !      !      !
     !222/ !$&%$$ !$ZZ% !$$$$$ !$ZZ% !"ZZ" !$ZZ% !
```

2.3 LES PROGRAMMES D'EXPLOITATION: LA SERIE XX

Ils sont présentés sous forme de programmes indépendants, qu'il faut appeler par la commande "X" ou "execute" du système Pascal de l'AppleII. Cela permettra à l'utilisateur de modifier lui-même facilement dans chaque programme les divers paramètres pour les adapter exactement à ses besoins (pour ces éventuelles modifications, voir ci-dessous les commentaires des listages des programmes). Chaque programme ajoute automatiquement un suffixe au nouveau fichier qu'il crée. Ainsi, lorsqu'un programme demandera le nom du fichier de sortie, on pourra lui répondre avec le nom du fichier d'entrée (sans ajouter aucun suffixe), ou parfois simplement avec le signe dollar, programmé à cet usage.

Ces programmes jettent les bases des traitements automatisés de textes akkadiens en translitérations qui seront, avec l'édition, un des buts principaux du système que nous comptons développer progressivement. Ils ont été conçus de sorte que les règles de codage de l'enregistement primaire puissent être aussi proches que possible des règles courantes d'édition de textes akkadiens en translitération, sans que les éventuelles stratégies d'exploitation influent sur cette première phase du processus. Ainsi, les enregistrements primaires pourront être utilisés pour tous les types de traitements, au prix de quelques modifications (ajouts de codes in-texte, par exemple) grandement facilitées par la souplesse de l'éditeur en mode page dont le principe et les rapports avec le système de gestion des fichiers ont été conçus à cet effet.

Il suffit donc d'enregistrer le texte selon les critères traditionnels de translitération, et en respectant la structure décrite ci-dessous pour permettre le traitement par le programme Xxprepare.

2.3.1 Le programme Xxprepare

Il traite l'enregistrement primaire pour en extraire les données significatives et les réordonner sous forme d'"enregistrements" - au sens que le langage Pascal attribue à ce mot (record) – comportant chacun trois champs réservés respectivement à la référence texte, à la référence ligne et à la ligne de texte. C'est sur ce fichier, auquel on peut donner le même nom que le fichier d'origine puisque le programme lui adjoindra automatiquement le suffixe ".pre", que les traitements ultérieurs seront faits.

Xxprepare a été conçu pour analyser un enregistrement primaire répondant, en ce qui concerne sa structure, à quelques impératifs. Le programme se chargera d'ailleurs lui-même de signaler à l'utilisateur ses éventuelles erreurs de syntaxe. Les références textes doivent être précédées du code de début de référence, "rf" (touche &), et terminées par le code de fin de séquence, "fs" (touche esc). Les références lignes, obligatoires pour chaque ligne de texte, sont précédées du dièze et terminées par le code "fs". Chaque ligne de texte, qui peut occuper plus d'une ligne d'écran (sans dépasser 160 caractères), doit commencer par le code de début de ligne, "dl" (ctrl-n), et se terminer par le code "fs". Dans cette première version de Xxprepare, les longueurs maximales des trois champs issus des séquences référence texte, référence ligne et ligne de texte sont fixées respectivement à 10, 5 et 160 caractères (voir ci-dessous, paragr.2.5.7.1, 1.5 et paragr.2.5.7.2.2). Tout dépassement de ces dimensions provoquerait une erreur d'exécution du programme (string overflow). On notera en outre que, si la ligne de texte peut contenir des fins de ligne d'écran, par contre, ni la référence texte ni la référence ligne ne doivent en contenir. Enfin, le fichier à traiter devra se terminer par un code constitué d'un slash et d'une astérisque ("/*").

Le programme Xxprepare analyse donc le texte entré selon ces critères et cette structure, isole chaque ligne de texte, la reconstitue si elle est répartie sur plusieurs lignes d'écran, et lui attribue sa référence texte et sa référence ligne. Lorsqu'on lui demande de traiter un texte, Xxprepare commence par rechercher une première référence texte, encadrée par les codes "rf" et "fs". On peut donc placer des commentaires avant le code "rf": ils ne seront pas pris en considération par le programme. Ensuite, Xxprepare cherche naturellement une référence ligne, encadrée par dièze et le code "fs". Enfin, il cherche un code "dl", et il prend la ligne de texte qui suit, sur une ou plusieurs lignes d'écran (160 caractères maximum), jusqu'à ce qu'il ait rencontré un code "fs". Puis Xxprepare cherche une suite logiquement acceptable: soit une autre référence ligne, soit une autre référence texte, et il ignore tout texte situé en dehors de ces séquence.

Il convient de bien noter que les codes "rf", "fs" et "dl" doivent impérativement être écrits en un seul caractère, en utilisant la touche ou la séquence de touches programmées à cet effet: respectivement, "&", "esc" et "ctrl-n" (voir le tableau du clavier, paragraphe 2.2.2.3).

Si la succession normale des codes délimitant les types d'information différents ou si l'ordre logique des sections encadrées de codes n'est pas respecté, Xxprepare émet un message d'erreur et donne son diagnostic. Si l'erreur est telle que le traitement ne peut continuer, l'utilisateur est envoyé automatiquement hors du programme, pour pouvoir corriger le texte. Si aucune erreur fatale n'a été diagnostiquée, le traitement stoppe lorsque le programme rencontre le code constitué d'un slash suivi d'une astérisque (/*). La présence de ce code est obligatoire, même si on compte traiter la totalité du fichier. En effet, dans ce cas, le programme ne rencontrant pas "/*" risquerait de "boucler" indéfiniment sur la dernière ligne.

A l'intérieur des sections délimitées par ce codage syntaxique, nous pouvons distinguer un autre type de codage des données, relevant d'un niveau plus sémantique, et que, pour l'enregistrement primaire du texte, nous avons réduit au minimum: celui-ci doit être enregistré selon les normes d'une translittération traditionnelle. Nous conseillons toutefois de coder les déterminatifs préposés par une lettre suivie du signe égal, de façon

qu'ils soient comparables aux codes de sélection que nous décrivons au paragraphe 2.3.2;
ainsi, le déterminatif divin sera écrit "d=", le clou vertical précédant certains noms
propres, "1=", et le déterminatif marquant un nom propre de femme, "f=". Dans la section
réservée aux références ligne, on pourra ajouter l'indication de l'emplacement du texte sur
la tablette: "f" pour "face", "i" pour "tranche inférieure", "r" pour "revers", "s" pour
"tranche supérieure" et "1" pour "tranche latérale". Quant à la mention de l'éventuelle
colonne, elle pourra se trouver au début de la référence ligne, sous forme d'un chiffre.
Ainsi, "3r22" signifiera "colonne 3, revers, ligne 22".

Si nous jugeons indispensable, dans les versions ultérieures d'Akkad, et surtout en
fonction des futurs programmes d'exploitation de la série Xx, de modifier certaines
caractéristiques de ces codages, ou du format des fichiers, nous fournirons toujours des
programmes permettant de convertir le plus automatiquement possible les fichiers d'un
standard à l'autre, afin qu'aucune donnée déjà enregistrée ne soit perdue.

2.3.2 Le programme Xxindex et l'unité Xxtrans

Xxindex est conçu pour travailler sur un fichier de type ".pre", c'est à dire issu de
Xxprepare. Il fabrique un index pouvant porter sur tous les mots d'un texte, ou bien sur
les mots précédés d'un code permettant au programme de les reconnaître. Ces codes, s'ils
ne font pas déjà partie de l'enregistrement primaire (comme les déterminatifs préposés, par
exemple), doivent être ajoutés à l'enregistrement primaire non codé, dont on prendra soin
de conserver un exemplaire non modifié. Ces insertions seront faites rapidement grâce à
l'éditeur en mode page du logiciel Akkad. Dans l'exemple donné ci-dessous (TFR1/1E), nous
avons choisi les codes suivants: les noms de personnes sans clou vertical sont précédés de
"1_"; les noms de femmes, si on veut les distinguer des autres noms de personnes et s'ils
n'ont pas de déterminatif sont marqués par "f_"; les noms de dieux sans déterminatif par
"d_"; les noms géographiques par "g_" ou "g=" selon qu'ils sont ou non dotés d'un
déterminatif postposé. Le programme Xxindex est conçu pour accepter les codes sur un ou sur
deux caractères. Dans ce dernier cas, il faut évidemment se garder de couper le code par
d'éventuels crochets. Ainsi, <(d)>IM devra être entré sous la forme <d=>IM, et non <d>=IM.

Xxindex permet aussi, à la demande, de faire une transcription automatique de la
translitération, grâce aux procédures contenues dans l'unité Xxtrans. Mais pour permettre
aux procédures de transcription automatique de fonctionner, il faut distinguer, dans les
translitérations, les tirets qui devront disparaître et ceux qui devront rester. Ces
derniers seront remplacés par le signe plus. Ainsi, un nom propre comme "a-bi-he-el" devra
être enregistré sous la forme "a-bi+he-el", afin que la transcription puisse sortir sous la
forme "abi-hel"; et une séquence dont l'interprétation reste incertaine, comme le nom
"UD-la-tum", sera codée "UD+la+tum" afin que tous les tirets soient conservés dans la
transcription. On notera que le maintien des tirets n'affectera pas le tri qui, comme nous
l'expliquerons, ne les prendra pas en compte. Enfin, ces signes plus seront réduits
automatiquement en tirets dans les translitérations destinées à être éditées (voir les
sortie de Xxindex).

L'algorithme de transcription automatique travaille de façon empirique, sans procédure
de lemmatisation et il s'aide, dans les cas délicats (sumérogrammes, graphies défectives,
etc.), d'un fichier dictionnaire annexe, Sumerog, que l'utilisateur peut lui-même très
facilement créer, corriger et mettre à jour sous Akkad. Cela permet d'adapter la
transcription automatique au type de texte à traiter, et de résoudre les problèmes au fur et
à mesure. Le suffixe ".ind" est ajouté automatiquement à tout fichier créé par Xxindex.
Cela permet de conserver ici aussi le nom d'origine sans risque de confusion ni de fausse
manoeuvre.

2.3.3 Le programme Xxtri

    Il travaille sur des fichiers de type ".ind", donc issus de Xxindex. On peut donner au
fichier de sortie le même nom que le fichier d'origine (ou le désigner par le signe
dollar), le suffixe ".tri" étant ajouté automatiquement. Ce programme effectue le tri en
tenant compte de la place des diacritiques dans l'alphabet. Une procédure filtre est
appelée au moment de chaque comparaison entre deux chaines, mais c'est sur la forme non
filtrée que porte l'éventuel échange.

    Lorsque le fichier à trier ne dépasse pas cent cinquante enregistrements, le programme
peut travailler en mémoire centrale, donc assez rapidement. Pour des fichiers plus gros, il
utilise des procédures d'accès direct sur disque. Cela permet de trier un fichier dont la
taille ne dépend que des capacités de la mémoire périphérique. Il sera évidemment prudent,
en cas de tri en accès direct, de faire auparavant une copie de sauvegarde du fichier à
trier. Ce tri direct en mémoire de masse est malheureusement très lent, surtout lorsqu'on
utilise des disquettes. Une prochaine version du programme offrira un tri par arbre
binaire, beaucoup plus rapide.

    Pour modifier le filtre ou les divers paramètres des deux programmes de tri, voir plus
bas le texte et le commentaire du programme (paragraphe 2.5.10).

2.4 EXEMPLE D'UTILISATION D'AKKAD ET DE LA SERIE XX

2.4.1 Exemple d'enregistrement primaire avec codage des noms propres (TFR1-1/1E)(1)


```
ƒTFR1-1ξ
#f1ξℓ3 GAN2 A·ŠA3 A·GAR3 g_ZU?+ZU+ub-bə-ənξ
#f2ξℓUS2·SA·DU AN·TA 1_pu-z[u-rum DU]MU 1_nə-mə-šiξ
#f3ξℓUS2·SA·DU KI·TA 1_qi-iš-t[i!+d=ə]-bu-buξ
#f4ξℓ            DUMU 1_gu-di-imξ
#f5ξℓSAG·KI AN·TA ə-tə-əp-(pə)-pi2 g=id(ki)ξ
#f6ξℓSAG·KI KI·TA KASKAL·GALξ
#f7ξℓA·ŠA3 f=i3-li2+SIG5! ig-gə-ə[l]ξ
#f8ξℓDUMU·SAL 1_i-din-iə-ən igi-gəl2-lə-t[u š]ə d=D[ə-g]ənξ
#f9ξℓit-ti f=i3-li2+SIG5! ig-gə-[əl]ξ
#f10ξℓDUMU·SAL 1_i-din-iə-ən igi-gəl2-lə-tu! š[ə d=D]ə-gənξ
#f11ξℓbe-el-ti A·ŠA3ξ
#f12ξℓ1=pu-zu-rum DUMU 1_nə-mə-šiξ
#f13ξℓA·ŠA3 i-šə-əmξ
#f14ξℓə-nə ŠAM2-šu g[ə-ə]m-ri-imξ
#f15ξℓ12 GIN2 KU3·UD I[N·NA·A]N·L[A2]ξ
#f16ξℓA·ŠA3 nə+AZ+BU+u[m šə lə bə-əq-r]i-imξ
#i17ξℓu3 lə ud-du-[rə-ri-im]ξ
#i18ξℓbə-qi2-ir ⌈i⌉-[bə-qə-ru]ξ
#i19ξℓni-i[š] (x) d=U[TU d=i-tur2+me-erξ
#i20ξℓ⌈u3⌉ 1_iə-[di-hə+ə-bu LUGALξ
#i21ξℓ      ⌈i⌉-k[u-u]lξ
```

----

(1) Voir O.Rouault, "Terqa Final Reports, I", UNDENA, 1984.

#r22§ℓ10 ma-[n]a [K]U3·UD a-na E2·GAL I3·LA2·E§
#r23§ℓA·ESIR2 <UD·DU·A> e[m]-m[a-a]m S[A]G·DU-su i·[k]a!-p[a-ar]§
#r24§ℓ1 GI[N2 KU3·UD   ] x DUMU 1_zi!?-bi-i[m]?§
#r25§ℓ1/2 G[IN2 KU3·UD   ] <x>§
#r26§ℓ[   ] ⌐x⌐ ⌐x⌐ x D[UMU] 1_ia-as3-ma-ah+d=[x+x?]§
#r27§ℓ[IG]I 1_i-di[n]+an-nu DUMU 1_me-er-hu§
#r28§ℓIGI 1_a-bi+he-el ŠU·I LUGAL§
#r29§ℓIGI 1_IR3+ku-bi DUMU 1_d=[I]M!+ka-ba[r]§
#r30§ℓIGI 1_UD+la+tum DUMU 1_d_3[0+x+x?]+i-din-[n]am§
#r31§ℓIGI 1_ia-as2-ma!-ah+d=d[a-ga]n§
#r32§ℓ   DUMU 1_ia-<šu>-ub+d=da-[gan]§
#r33§ℓIGI 1_i-din+ku-bi§
#r34§ℓIGI DUMU·SAL 1_ha-mi+ša-k[i]-tim§
#r35§ℓIGI 1_i-din+ri-im DUMU 1_i-din+d_ru-uš!-pa-an§
#r36§ℓIGI 1_d=EN·ZU+i-din-n[a]m§
#r37§ℓ   DUMU 1_a-bi+he-el§
#r38§ℓ<IGI> 1_be-la-nu DUMU 1_ia-pa+e-ra-ah§
#r39§ℓ1! GIN2 KU3·UD 1_iš-me+d_30 DUB·SAR§
#r40§ℓITI e-bu-rum UD-11-KAM§
#r41§ℓMU 1_ia-di-ha+a-bu LUGAL§
#s42§ℓURU! g=a-ra-i-te<ki>§
#s43§ℓ   i-pu-šu§
#144§ℓNA4·KIŠIB 1_IR3+ku-bi DUMU d_IM+ka-bar NA4·KIŠIB 1_qi2-iš-tum
LU2·KURUN2·NA§
⌐TFR1-1E§
#f1§ℓka-[n]i-ik§
#f2§ℓ3[GA]N2 ⌐A⌐·ŠA3 A·GAR3 g_Z[U]?+Z[U]+ub-ba-an§
#f3§ℓ[it-ti f=]i3-li2+SIG5 i[g-ga-al] DUMU·SAL! 1_i-din-ia-an§
#f4§ℓ1=pu-zu-rum DUMU 1_na-m[a-š]i ⌐A⌐·Š[A3] i-š[a]-am§/*

2.4.2 Exemple d'extraction des noms propres par xxindex et de transcription par Xxtrans

ZU-ZU-ubban : TFR1-1, 1·f1 : ZU?-ZU-ub-ba-an
puzurum : TFR1-1, 1·f2 : pu-z[u-rum
namaši : TFR1-1, 1·f2 : na-ma-ši
qišti-abubu : TFR1-1, 1·f3 : qi-iš-t[i!-(d)a]-bu-bu
gudim : TFR1-1, 1·f4 : gu-di-im
id<ki> : TFR1-1, 1·f5 : id<ki>
ili-dumqi : TFR1-1, 1·f7 : i3-li2-SIG5!
idinian : TFR1-1, 1·f8 : i-din-ia-an
ili-dumqi : TFR1-1, 1·f9 : i3-li2-SIG5!
idinian : TFR1-1, 1·f10 : i-din-ia-an
puzurum : TFR1-1, 1·f12 : pu-zu-rum
namaši : TFR1-1, 1·f12 : na-ma-ši

```
yadih-abu : TFR1-1, l·i20 : ia-[di-ha-a-bu
zibim : TFR1-1, l·r24 : zi!?-bi-i[m]?
yasmah-x-x : TFR1-1, l·r26 : ia-as3-ma-ah-(d)[x-x?]
idin-annu : TFR1-1, l·r27 : i-di[n]-an-nu
merhu : TFR1-1, l·r27 : me-er-hu
abi-hel : TFR1-1, l·r28 : a-bi-he-el
warad-kubi : TFR1-1, l·r29 : IR3-ku-bi
addu-kabar : TFR1-1, l·r29 : (d)[I]M!-ka-ba[r]
UD-la-tum : TFR1-1, l·r30 : UD-la-tum
sin-x-x-idinnam : TFR1-1, l·r30 : 3[0-x-x?]-i-din-[n]am
yasmah-dagan : TFR1-1, l·r31 : ia-as2-ma!-ah-(d)d[a-ga]n
yašub-dagan : TFR1-1, l·r32 : ia-<šu>-ub-(d)da-[gan]
idin-kubi : TFR1-1, l·r33 : i-din-ku-bi
hammi-šakitim : TFR1-1, l·r34 : ha-mi-ša-k[i]-tim
idin-rim : TFR1-1, l·r35 : i-din-ri-im
idin-rušpan : TFR1-1, l·r35 : i-din-ru-uš!-pa-an
sin-idinnam : TFR1-1, l·r36 : (d)EN·ZU-i-din-n[a]m
abi-hel : TFR1-1, l·r37 : a-bi-he-el
belanu : TFR1-1, l·r38 : be-la-nu
yapa-erah : TFR1-1, l·r38 : ia-pa-e-ra-ah
išme-sin : TFR1-1, l·r39 : iš-me-30
yadih-abu : TFR1-1, l·r41 : ia-di-ha-a-bu
ara'ite(ki) : TFR1-1, l·s42 : a-ra-i-te(ki)
warad-kubi : TFR1-1, l·144 : IR3-ku-bi
qištum : TFR1-1, l·144 : qi2-iš-tum
ZU-ZU-ubban : TFR1-1E, l·f2 : Z[U]?-Z[U]-ub-ba-an
ili-dumqi : TFR1-1E, l·f3 : ]i3-]i2-SIG5
idinian : TFR1-1E, l·f3 : i-din-ia-an
puzurum : TFR1-1E, l·f4 : pu-zu-rum
namaši : TFR1-1E, l·f4 : na-m[a-š]i
```

2.4.3 Le fichier "dictionnaire" Sumerog pour TFR1-1

Ce fichier, utilisé par la procédure Echange de l'unité Xxtrans sert à traiter principalement les sumérogrammes, les graphies défectives et tous les problèmes de transcription qui ne sont pas traités automatiquement. L'utilisateur peut le créer ou le compléter en fonction des besoins, grâce à Akkad. La chaine à remplacer et la chaine de remplacement doivent être séparées par un dièze, et il ne faut mettre qu'un couple par ligne.

On notera que la procédure Echange est appelée après que la chaine traitée ait été nettoyée de tous les crochets, tirets, voyelles redoublées, points d'interrogation ou d'exclamation. Cela limite le nombre de configurations à envisager. La prise en compte des codes permet de contrôler très exactement les échanges et d'éviter toute ambiguïté.

Le fichier est chargé automatiquement en mémoire centrale si sa taille le permet. S'il est trop gros (à partir de cent lignes), le programme Xxindex le laisse sur disque et l'utilise par accès direct. Dans ce cas, le traitement est plus lent.

d_UTU#d_šamaš
d=UTU#d=šamaš
d_IM#d_addu
d=IM#d=addu
SIG5#dumqi
d_30#d_sin
IR3#warad
d=EN·ZU#d=sin
hami#hammi
ha+a#h+a

2.4.4 Résultat du tri du fichier des noms propres par Xxtri

abi-hel : TFR1-1, 1·r28 : a-bi-he-el
abi-hel : TFR1-1, 1·r37 : a-bi-he-el
addu-kabar : TFR1-1, 1·r29 : (d)[I]M!-ka-ba[r]
ara'ite(ki) : TFR1-1, 1·s42 : a-ra-i-te(ki)
belanu : TFR1-1, 1·r38 : be-la-nu
gudim : TFR1-1, 1·f4 : gu-di-im
hammi-šakitim : TFR1-1, 1·r34 : ha-mi-ša-k[i]-tim
idin-annu : TFR1-1, 1·r27 : i-di[n]-an-nu
idinian : TFR1-1, 1·f8 : i-din-ia-an
idinian : TFR1-1E, 1·f3 : i-din-ia-an
idinian : TFR1-1, 1·f10 : i-din-ia-an
idin-kubi : TFR1-1, 1·r33 : i-din-ku-bi
idin-rim : TFR1-1, 1·r35 : i-din-ri-im
idin-rušpan : TFR1-1, 1·r35 : i-din-ru-uš!-pa-an
id(ki) : TFR1-1, 1·f5 : id(ki)
ili-dumqi : TFR1-1, 1·f9 : i3-li2-SIG5!
ili-dumqi : TFR1-1, 1·f7 : i3-li2-SIG5!
ili-dumqi : TFR1-1E, 1·f3 :]i3-li2-SIG5
išme-sin : TFR1-1, 1·r39 : iš-me-30
merhu : TFR1-1, 1·r27 : me-er-hu
namaši : TFR1-1E, 1·f4 : na-m[a-š]i
namaši : TFR1-1, 1·f2 : na-ma-ši
namaši : TFR1-1, 1·f12 : na-ma-ši
puzurum : TFR1-1, 1·f2 : pu-z[u-rum
puzurum : TFR1-1E, 1·f4 : pu-zu-rum
puzurum : TFR1-1, 1·f12 : pu-zu-rum
qišti-abubu : TFR1-1, 1·f3 : qi-iš-t[i!-(d)a]-bu-bu
qištum : TFR1-1, 1·144 : qi2-iš-tum
sin-idinnam : TFR1-1, 1·r36 : (d)EN·ZU-i-din-n[a]m
sin-x-x-idinnam : TFR1-1, 1·r30 : 3[0-x-x?]-i-din-[n]am
UD-la-tum : TFR1-1, 1·r30 : UD-la-tum
warad-kubi : TFR1-1, 1·144 : IR3-ku-bi
warad-kubi : TFR1-1, 1·r29 : IR3-ku-bi

```
yadih-abu  : TFR1-1, l·i20  : ia-[di-ha-a-bu
yadih-abu  : TFR1-1, l·r41  : ia-di-ha-a-bu
yapa-erah  : TFR1-1, l·r38  : ia-pa-e-ra-ah
yasmah-dagan  : TFR1-1, l·r31  : ia-as2-ma!-ah-(d)d[a-ga]n
yasmah-x-x  : TFR1-1, l·r26  : ia-as3-ma-ah-(d)[x-x?]
yašub-dagan  : TFR1-1, l·r32  : ia-<šu>-ub-(d)da-[gan]
zibim  : TFR1-1, l·r24  : zi!?-bi-i[m]?
ZU-ZU-ubban  : TFR1-1E, l·f2  : Z[U]?-Z[U]-ub-ba-an
ZU-ZU-ubban  : TFR1-1, l·f1  : ZU?-ZU-ub-ba-an
```

2.5 TEXTE ET COMMENTAIRE DES PROGRAMMES ET UNITES

La compréhension de ce qui suit nécessite une certaine connaissance du langage Pascal et de sa mise en oeuvre particulière sur AppleII. Le lecteur devra donc consulter des ouvrages généraux (Pierre Le Beux, "Introduction au Pascal", Sybex, ou Rodnay Zaks, "Introduction to Pascal (Including UCSD PASCAL)", Sybex), ainsi que les manuels de l'AppleII Pascal: "Language Reference Manual" (=LRM) et "Operating System Reference Manual" (=OSRM). Les références aux manuels données ci-dessous concernent les éditions de 1980.

Pour faciliter le commentaire des programmes, nous les présentons avec les lignes numérotées. Ces numéros, et les deux points qui suivent, ne doivent évidemment pas apparaître dans le texte opérationnel du programme. On notera en outre que quelques signes accentués français (àéè), utilisés pour les messages ou les commentaires, apparaissent sous une forme différente dans le listage des programmes : a enroulé, accolade ouvrante et fermante. En effet, pour rendre les programmes compréhensibles, nous avons du les imprimer avec la fonte comportant les caractères de programmation standard, et non avec la fonte française.

2.5.1 Le programme Akkad

Il convient de bien distinguer le logiciel Akkad, regroupant programme et unités, et le programme Akkad, qui n'est que le "chapeau" de l'ensemble.

2.5.1.1 Texte du programme Akkad

```
1: (x$S++x)                                  17: PROCEDURE MENU;
2: PROGRAM AKKAD;                            18: begin
3: USES (x$U Akkaddiv.code x) Akkaddiv,      19:   repeat
4:    (x$U Akkadfich.code x) Akkadfich,      20:     copyright;
5:    (x$U Akkadpage.code x) Akkadpage,      21:     entete
6:    (x$U Akkadimpr.code x) Akkadimpr;      22:     (' Akkad:    D(isque   E(diteur   I(mprimer    Q(uitter');
7: var choix_catalogue,choix_exploite,choix_menu,bs,cr,quitte:char;  23:     gotoxy(0,0); read(keyboard,choix_menu);
8: PROCEDURE INITIALISATIONS;                24:     case choix_menu of 'D','d':begin attn; disque; end;
9: begin y_texte:=0; bs:=chr(8); cr:=chr(13); quitte:=chr(16); end;   25:                         'E','e':editeur;
10: PROCEDURE COPYRIGHT;                      26:                         'I','i':begin attn; impression; end;
11: begin                                     27:     end;
12:   efface_ecran;                           28:   until choix_menu in ['Q','q'];
13:   gotoxy(1,05); write('Logiciel Akkad - Version 1 (15/1/1984)');  29: end;
14:   gotoxy(1,08); write('Par Olivier ROUAULT');  30:
15:   gotoxy(1,11); write('Diffus( par CARNES (Undena Publications, Malibu)');  31: begin
16: end;                                      32:   (x$N+x) (x$R Akkaddivx) (x$R Akkadpagex)
                                              33:   initialisations; menu;
                                              34: end.
```

2.5.1.2 Commentaire du programme Akkad

Ce petit programme est une sorte de plaque tournante: il abrite le menu principal et, selon les choix de l'utilisateur, appelle une des unités dont les noms apparaissent aux lignes 5-8. Les codes encadrés par "(*" et "*)", et commençant par un signe dollar (ll.1, 3-6 et 32), sont des codes de compilation (LRM 61 ss.) assurant diverses fonctions. Ceux des lignes 3 à 6 indiquent où le programme doit prendre les unités nécessaires. Dans le cas présent, ces unités étaient, au moment de la compilation, sur la disquette d'amorçage (boot disk). C'est pourquoi nous avons écrit, par exemple, "(*$U Akkaddiv.code *)" sans donner de nom ou de code de volume avant "Akkaddiv". Si les unités s'étaient trouvées sur une disquette nommée "Sumer:", insérée dans le second lecteur, il aurait fallu écrire "(*$U Sumer:Akkaddiv.code *)" ou bien "(*$U £5:Akkaddiv.code *)". Pour une liste des codes de volumes du système Apple Pascal, voir OSRM 26. Noter, à ce sujet, l'équivalence entre le signe "£" et le signe dièze.

Les codes de la ligne 32 règlent l'"overlaying" en indiquant au système que les unités sont "non résidentes", excepté Akkaddiv et Akkadpage (voir LRM 66, 67 et 72). Cela permet d'éviter les dépassements de capacité de la mémoire centrale, trop réduite, sur l'AppleII+ de 64 Kilo-octets, pour contenir toutes les unités d'Akkad en meme temps.

Les procédure non standard comme Efface_ecran (l.12), Entete (l.21) ou Attn (ll 24 et 26) sont définies dans l'unité Akkaddiv. Disque (l.24), Editeur (l.25) et Impression (l.26) sont respectivement les procécures principales d'Akkadfich, Akkadpage et Akkadimpr. L'algorithme des lignes 19 à 28 assure l'affichage ou le réaffichage du menu principal, et l'aiguillage, selon le choix de l'utilisateur, vers une de ces unités. Quant à la variable y_texte (l.9), si elle n'est pas déclarée dans l'entete du programme Akkad, c'est parce qu'elle a été déclarée dans l'unité Akkaddiv.

2.5.2 L'unité Akkaddiv

2.5.2.1 Texte d'Akkaddiv

```
1: (*$S+*)
2: UNIT Akkaddiv;
3:
4: INTERFACE
5: const max_lignes=120; long_ligne=80;
6: type tt_ligne=record
7:                  lettres:string[long_ligne];
8:              end;
9:      ttexte=file of tt_ligne;t_lignes=0..max_lignes;
10:     lg_longue=string[255];
11: var fichier,copie:ttexte;
12:     ligne,ligncopie: tt_ligne;
13:     texte: array[t_lignes] of string[long_ligne];
14:     tampon, reste,nom_fich,nom_copie, buffer: string;
15:     x_texte, y_texte, i_texte, x_ecran, i_ecran, haut_ecran: integer;
16:     pris, prefixe_oui, titre, trouve, err: boolean;
17:     car_lu: char;
18: procedure accents;
19: procedure attn;
20: procedure bip;
21: procedure bourre(chaine:string; posit_ecran:integer);
22: procedure clavier;
23: procedure efface_ecran;
24: procedure entete(ligne_choix:string);
25: procedure fin_entete(long:integer);
26: procedure lecture(alire:lg_longue; c:integer);
27: procedure ouinon (question: string; var rep: boolean);
28: procedure stop;
29: procedure test_io;
30: procedure xy;

31:
32: IMPLEMENTATION
33: var prefixe: char; long,i:integer; espace:string;
34:
35: (* ============ PROCEDURES D'UTILITE GENERALE ============ *)
36:
37: PROCEDURE XY; begin gotoxy(x_texte-1,i_ecran); end;
38: PROCEDURE EFFACE_ECRAN; begin write (chr(12)); end;
39: PROCEDURE BIP; begin write(chr(7)); end;
40: PROCEDURE STOP; var touche_stop: char;
41: begin
42:    bip; bip; write('Appuyez une touche pour continuer'); read(touche_stop);
43: end;
44: PROCEDURE FIN_ENTETE;
45: begin
46:    gotoxy(0,0); espace:=' '; reste:='';
47:    for i:=1 to long do reste:=concat(reste,espace);
48: end;
49: PROCEDURE BOURRE;
50: begin
51:    gotoxy(0,posit_ecran); espace:=' '; reste:='';
52:    for i:=1 to (79-length(chaine)+1) do reste:=concat(reste,espace);
53: end;
54: PROCEDURE ENTETE;
55: begin
56:    long:=79-length(ligne_choix)+1; fin_entete(long);
57:    write(ligne_choix,reste);
58: end;
59: PROCEDURE ATTN;
60: begin
```

```
61: write(chr(12)); gotoxy(0,10); writeln
62: ('Assurez-vous que la disquette contenant AKKAD.CODE se trouve bien');
63: writeln; writeln
64: ('dans le lecteur ol elle (tait lorsque le programme a (t( lanc(.');
65: writeln; writeln; writeln;
66: stop;
67: end;
68: PROCEDURE OUINON; var reponse: char;
69: begin
70:   repeat
71:     writeln(question); read(reponse);
72:   until reponse in ['O','o','N','n'];
73:   if reponse in ['O','o'] then rep:=true else rep:=false;
74: end;
75:
76: PROCEDURE TEST_IO;(x avant, couper le test auto et initialiser err x)
77: begin
78:   case ioresult of
79:   2:begin writeln('Erreur 2: mauvais num. vol.'); err:=true; end;
80:   3:begin writeln('Erreur 3: op(ration ill(gale'); err:=true; end;
81:   6:begin writeln('Erreur 6: Fichier pas catalogu('); err:=true; end;
82:   7:begin writeln('Erreur 7: Nom de fichier ill(gal');err:=true;end;
83:   8:begin writeln('Erreur 8: Plus de place sur disque');err:=true;end;
84:   9:begin writeln('Erreur 9: volume pas en ligne');err:=true;end;
85:   10:begin writeln('Erreur 10: Fich. pas sur ce vol.');err:=true;end;
86:   11:begin writeln('Erreur 11: Nom fichier en double');err:=true;end;
87:   12:begin writeln('Erreur 12: fichier d(j@ ouvert');err:=true;end;
88:   13:begin writeln('Erreur 13: le fichier est ferm(');err:=true;end;
89:   14:begin writeln('Erreur 14: r(el/entier');err:=true;end;
90:   16:begin writeln('Erreur 16: disque prot(g( (criture');err:=true;end;
91:   64:begin writeln('Erreur syst)me (64)');err:=true;end;
92:   end;
93:   if err then stop;
94: end;
95:
96: (x ============ CLAVIER ET AFFICHAGE ============== x)
97:
98: PROCEDURE AVEC_Z(caractere:char);
99: begin write(chr(26),caractere); tampon[1]:=caractere; pris:=true; end;
100: PROCEDURE SANS_Z(caractere:char);
101: begin tampon[1]:=caractere; pris:=true; end;
102: PROCEDURE ACCENTS;
103: begin
104: if ord(car_lu) in[42,58,71,97,101,103,105,111,117] then
105:   begin
106:     if ord(prefixe)=12 then begin (x ctrl-L prefixe d'accent plat x)
107:       case ord(car_lu) of 97: avec_z(chr(20)); 101: avec_z(chr(25));
108:                      105: avec_z(chr(21)); 117: avec_z(chr(9)); end;
109:     end;
110:     if ord(prefixe)=15 then begin (x ctrl-O prefixe du trema x)
111:       case ord(car_lu) of 97: avec_z(chr(0)); 101: avec_z(chr(1));
112:                      105: avec_z(chr(3)); 111: avec_z(chr(8));
113:                      117: avec_z(chr(10)); end;
114:     end;
115:     if ord(prefixe)=9 then begin (x ctrl-I prefixe du circonflexe x)
116:       case ord(car_lu) of 97:  begin sans_z(chr(126)); write(chr(126));end;
117:                      101: begin sans_z(chr(127)); write(chr(127));end;
118:                      105: avec_z(chr(28)); 111: avec_z(chr(11));
119:                      117: avec_z(chr(29)); end;
120:     end;
121:     if ord(prefixe) in[9,12,15] then begin (x ctrl-I, ctrl-O et ctrl-L x)
122:       case ord(car_lu) of 71 : avec_z(chr(30));(x G tilde x)
123:                      103: avec_z(chr(12);  (x g tilde x)
124:                      42,58: avec_z(chr(15)); (x trema seul par touche :x
125:                      end;
126:     end;
127:   end;
128:   prefixe_oui:=false;
129: end;
130: PROCEDURE CLAVIER;
131: begin
132:   pris:=false;
133:   if prefixe_oui=false then
134:   begin
135:     if ord(car_lu) in[2,4..7,14,17..19,22..24,26,27,31..125] then
136:     begin
137:       if ord(car_lu) in[2,4..7,14,17..19,22..24,26,27,31]
138:         then avec_z(car_lu);
139:       if ord(car_lu) in[32..125]
140:         then sans_z(car_lu);
141:     end
142:   else
143:   begin
144:     if ord(car_lu) in [9,12,15] then
145:     begin
146:       prefixe_oui:=true;pris:=false; prefixe:=car_lu;
147:     end;
148:   end;
149:   end
150:   else accents;
151: end;
152: PROCEDURE LECTURE;
153: var j:integer;
154: begin
155:   if alire='' then alire:=' ';
156:   if length(alire)>long_ligne then alire:=copy(alire,1,long_ligne);
157:   for j:=1 to length(alire) do
158:   begin
159:     tampon:=copy(alire,j,1); car_lu:=tampon[1];
160:     if ord(car_lu) in[0..31] then avec_z(car_lu);
161:     if ord(car_lu) in[32..127] then begin sans_z(car_lu); write(car_lu); end
162:   end;
163:   if c=1 then write(chr(13));
164: end;
165: BEGIN END.
```

2.5.2.2 Commentaire d'Akkaddiv

Cette unité regroupe des déclarations de constantes, de types et de variables, ainsi que des procédures, utiles pour les autres unités et pour les programmes d'exploitation. Sur la syntaxe et les règles générales concernant les unités, voir LRM 75 ss. Nous avons choisi de présenter nos unités sous une forme "régulière"; mais il aurait été possible de les utiliser comme "intrinsèques" et de les regrouper dans une bibliothèque (LRM 76).

2.5.2.2.1 L'interface

La partie interface d'Akkaddiv contient les déclarations qui seront réemployées par les programmes utilisateurs. On y définit le format des fichiers créés sous Akkad (type tt_ligne, 11.6-8), la longueur de la ligne de texte correspondant à la ligne d'écran (constante long_ligne), le nombre de lignes maximum autorisé en mémoire centrale pour éviter un dépassement des capacités de l'ordinateur (constante max_lignes). Le type lg_longue définit le type de ligne le plus long possible (sur la limite absolue de 255, voir LRM 8).

Quant aux variables, une des plus importantes est y_texte (1.15), réservée au compte des lignes en mémoire centrale. Parmi les autres, citons x_texte, pour la position courante dans la ligne, x_ecran, pour la position horizontale sur l'écran, i_texte pour la position courante dans un texte déjà créé, i_ecran pour la position verticale sur l'écran et enfin car_lu pour le dernier caractère entré au clavier. L'utilité des autres variables apparaîtra à la lecture des procédures et des diverses unités utilisatrices.

Les procédures déclarées dans l'interface (ll.18-30) pourront être employées comme les procédures standard de l'Apple Pascal, dans toute unité ou programme déclarant l'utilisation d'Akkaddiv.

2.5.2.2.2 Procédures d'utilité générale

Xy (1.37) sert à replacer le curseur à sa position courante sur l'écran, en tenant compte du fait que le "tableau" de lettres que constitue la ligne est numéroté à partir de un tandis que la position du curseur sur l'écran commence à zéro. Cette procédure sera particulièrement utilisée par l'éditeur en mode page.

Entete (ll.24 et 54 ss.), Fin_entete (ll.25 et 44 ss.) et Bourre (ll.49 ss.) servent à afficher les lignes de commandes en haut de l'écran. Attn (1.50 ss.) génère le message rendu nécessaire par l'utilisation de l'"overlaying" (voir ci-dessus, paragr.2.2.1). Quant aux fonctions d'Efface_ecran (1.38), Bip (1.39) et Stop (1.40), elles sont évidentes.

Ouinon (68 ss.) permet d'alléger l'écriture des parties conversationnelles des programmes et unités en offrant la possibilité de poser sur une seule ligne une question binaire et d'obtenir pour réponse l'activation d'une variable booléenne. Cette procédure demande deux paramètres: la question sous forme d'une chaine de caractères, et le nom de la variable booléenne à activer en fonction de la réponse. Ainsi, on pourra écrire dans n'importe quel programme utilisant Akkaddiv: "ouinon('On continue ?',oui)", et, en fonction de la réponse de l'utilisateur, rendre vraie ou fausse la variable booléenne "oui".

Enfin, Test_io (ll.76 ss.) donne la liste de toutes les erreurs d'entrée-sortie (input-output) risquant de survenir, et les messages correspondants. Cette procédure utilise la variable "ioresult" du système Pascal de l'AppleII (LRM 32). Avant d'invoquer cette procédure, il faudra inhiber le test automatique d'erreur du système par l'option de compilation "(*$I-*)" (LRM 63). Pour un exemple d'utilisation de cette procédure, voir ci-dessous paragr.2.5.3.2.1 et 2.5.3.2.2.

2.5.2.2.3 Clavier et affichage

Les procédures Avec_z (ll.98 s.), Sans_z (ll.100 s.), Accents (ll.102 ss.), Clavier (ll.130 ss.) et Lecture (ll.152 ss.) règlent l'affichage, à l'écran, de tous les caractères utilisés par le logiciel, et organisent les rapports entre le clavier et ces caractères. La plus couramment employée sera Lecture, qui, lorsqu'on utilise la fonte spéciale d'Akkad, remplace les instructions standard Write et Writeln du Pascal. Lecture demande deux paramètres: une variable contenant le texte à afficher, et un nombre de type entier qui, s'il est le nombre 1, provoquera l'ajout d'un retour chariot à la fin de la ligne. La chaine à lire est stockée dans la variable locale "alire" (cf.1.26), sorte de "tampon" prévu pour accueillir une chaine de longueur maximale (255 espaces), pouvant donc dépasser la longueur normale prévue par long_ligne (ici, 80). Cette précaution permet d'éviter tout risque de "string overflow", au cas où la procédure Lecture serait amenée à traiter une chaine qui n'a pas été générée par le logiciel. Nous verrons que cette précaution est très utile lorsque l'on cherche à récupérer, par le choix R(einit de l'Editeur ou par le choix I(nit du niveau Disque, un texte présent en mémoire centrale, mais dont on a perdu accidentellement le contrôle.

La procédure Clavier est écrite spécialement en fonction de la carte Videoterm qui permet l'affichage de caractères spéciaux affectés aux codes ASCII des caractères de contrôle, à condition de les préfixer de contrôle-Z. C'est pourquoi nous distinguons deux familles de caractères, dont l'affichage sera assuré respectivement par les procédures Avec_z et Sans_z. La ligne 135 donne la liste des ordinaux ou des codes ASCII des caractères affichables. Certains sont omis, soit parce que nous les utiliserons comme caractères de commandes au même niveau que l'affichage, soit parce que leur affichage provoquerait des effets indésirables, soit enfin parce qu'ils serviront eux-mêmes de préfixes permettant, en combinaison avec d'autres caractéres, l'affichage d'autres signes. Les lignes 137 et 139 donnent la répartition en caractères utilisant ou non le préfixe contrôle-Z, tandis que la ligne 144 donne la liste des caractères réservés à l'usage de préfixe. Ces derniers serviront à simuler une touche morte pour l'affichage de certains signes accentués, grâce à la procédure Accents (ll.102 ss.), dont la compréhension est facilitée par quelques commentaires, encadrés, comme c'est l'usage en Pascal, par "(*" et "*)".

Pour comprendre ce système de clavier et d'affichage, le lecteur pourra rapprocher ces procédures du tableau du clavier, paragraphe 2.2.2.3.

2.5.3 L'unité Akkadfich

2.5.3.1 Texte d'Akkadfich

```
 1: (x$S+x)
 2: UNIT Akkadfich;
 3: INTERFACE
 4: USES (x$U Akkaddiv.code x) Akkaddiv;
 5: procedure DISQUE;
 6: IMPLEMENTATION
 7: var  x_ligne, lng, bout, a,  m, n, p, i, debut, fin, inter, dernier: integer;
 8:      choix: char; gauche: string; eff,ecrit,sortir: boolean;
 9: procedure ajouter; forward;
10: procedure charger_partie; forward;
11: procedure charger_tout; forward;
12: procedure corriger; forward;
13: procedure cree_fichier; forward;
14: procedure effacer; forward;
15: procedure inspecter; forward;
16: procedure lire_fichier; forward;
17: procedure sauver_fin; forward;
18: procedure sauver_inserer; forward;
19: procedure sauver_seul; forward;
20:
21: (x =============== PROCEDURES GENERALES =============== x)
22:
23: PROCEDURE TEST_BS;
24: begin
25:   if car_lu=chr(8) then
26:   begin
27:    if x_ligne<1 then begin bip; x_ligne:=1; end
28:    else
29:    begin
30:     delete(gauche,x_ligne,1); lng:=lng-1; write(chr(8),' ',chr(8));
31:     end;
32:    x_ligne:=x_ligne-1;
33:   end;
34: end;
35: PROCEDURE ADDIT;
36: begin
37:  gauche:=''; tampon:=' '; lng:=0; x_ligne:=0; read(car_lu);
38:  while not eoln do
39:  begin
40:   clavier; test_bs;
41:   if pris then
42:   begin
43:    if lng<79 then
44:    begin
45:     gauche:=concat(gauche,tampon); x_ligne:=x_ligne+1; lng:=lng+1;
46:    end
47:    else
48:    begin
49:     bip;lng:=79; write(chr(8)); write(' '); write(chr(8));
50:    end;
51:   end;
52:   if prefixe_oui=true then read(keyboard, car_lu) else read(car_lu);
53:  end;
54:  buffer:=gauche;
55: end;
56: PROCEDURE CHOIX_FICHIER; var oui: boolean; nom_anc: string;
57: begin
58:  efface_ecran; nom_anc:=nom_fich;
59:  if nom_anc<>'' then
60:  begin
61:   writeln('Le fichier prec(c(dent s''appelait: "',nom_anc,'"');
```

```
 62:     ouinon('Voulez-vous garder ce nom (o/n) ?', oui);
 63:     if not oui then
 64:     begin
 65:       gotoxy(0,4); write(chr(29));
 66:       write('Nom du fichier (CR pour sortir) : '); readln(nom_fich);
 67:     end
 68:     else nom_fich:=nom_anc;
 69:   end
 70:   else
 71:   begin
 72:     efface_ecran; nom_fich:=''; write('Nom du fichier (CR pour sortir) : ');
 73:     readln(nom_fich);
 74:   end;
 75:   efface_ecran;
 76: end;
 77: PROCEDURE CHOIX_COPIE;
 78: begin
 79:   write('Nom de la copie (CR = sortir / "$" = meme nom que fich.): ');
 80:   readln(nom_copie);
 81:   if nom_copie='$' then nom_copie:=nom_fich;
 82: end;
 83: PROCEDURE TROP_GROS;
 84: begin
 85:   writeln('Trop gros. Ne d<passez-pas ',max_lignes,' lignes. '); stop;
 86:   close(fichier,lock);
 87: end;
 88: PROCEDURE CHOIX_LIGNES;
 89: begin
 90:   repeat
 91:     repeat
 92:       debut:=1;
 93:       repeat
 94:         efface_ecran;
 95:         if eff then writeln('Espace @ supprimer sur la copie: ');
 96:         (*I-*) write('Num. ligne d<but (0 pour exam): ');
 97:         err:=false; readln(debut); test_io;
 98:       until err=false; (*I+*)
 99:       if debut=0 then lire_fichier;
100:     until debut<>0;
101:     repeat
102:       repeat
103:         efface_ecran;
104:         write('Num. ligne d<but (0 pour exam): ');writeln(debut);
105:         (*I-*) write('Num. ligne fin (0 pour exam):  ');
106:         err:=false; readln(fin); test_io;
107:       until err=false;(*I+*)
108:       if fin=0 then lire_fichier;
109:     until fin<>0;
110:     inter:=fin-debut+1; if inter>max_lignes then trop_gros;
111:   until inter<=max_lignes;
112: end;
113: PROCEDURE FIN_FICHIER; (* positionne en fin de fichier-disque *)
114: begin
115:   dernier:=0;
116:   while not eof(fichier) do begin get(fichier); dernier:=dernier+1; end;
117: end;
118:
119: (* =============== TRAITEMENT DES ENTREES-SORTIES =============== *)
120:
121: PROCEDURE ACCES_FICHIER(mode: string);
122: begin
123:   repeat
124:     if err then choix_fichier;
125:     if nom_fich='' then begin sortir:=true; err:=false; end
126:     else begin
127:       (*I-*) n:=0; close(fichier,lock); err:=false;
128:       if mode[1] in ['R','r'] then rewrite(fichier,nom_fich); (* 'reecrit' *)
129:       if mode[1] in ['O','o'] then reset(fichier,nom_fich);   (* 'ouvrir'  *)
130:       test_io; (*I+*)
131:     end;
132:   until err=false;
133: end;
134: PROCEDURE ACCES_COPIE(mode: string);
135: begin
136:   repeat
137:     if err then choix_copie;
138:     if nom_copie='' then begin sortir:=true; err:=false; end
```

```
139:     else begin
140:       (*I-*) n:=0; close(copie,lock); err:=false;
141:       if mode[1] in ['R','r'] then rewrite(copie,nom_copie); (* 'reecrit' *)
142:       if mode[1] in ['O','o'] then reset(copie,nom_copie);   (* 'ouvrir'  *)
143:       test_io; (*I+*)
144:     end;
145:   until err=false;
146: end;
147:
148: (* ==== TRANSFERTS DE MEMOIRE PERIPHERIQUE VERS MEMOIRE CENTRALE ==== *)
149:
150: PROCEDURE CHARGER_PARTIE; var suffit, trop: boolean;
151: begin
152:   suffit:=false; trop:=false; choix_fichier;
153:   choix_lignes;
154:   sortir:=false; acces_fichier('ouvrir'); if sortir then exit(charger_partie);
155:   n:=1; while n<debut do begin n:=n+1; get(fichier); end;
156:   n:=0; while (not eof(fichier) and not suffit and not trop) do
157:   begin
158:     n:=n+1; ligne:=fichier^; texte[n]:=ligne.lettres; get(fichier);
159:     if n<inter then suffit:=false else suffit:=true;
160:     if n<max_lignes then trop:=false else trop:=true;
161:   end;
162:   close(fichier,lock);
163:   if inter>max_lignes then begin  trop_gros; charger_partie; end
164:   else y_texte:=n;
165: end;
166: PROCEDURE CHARGER_TOUT; var trop: boolean;
167: begin
168:   choix_fichier;
169:   sortir:=false; acces_fichier('ouvrir'); if sortir then exit(charger_tout);
170:   trop:=false; n:=0;
171:   while (not eof(fichier) and not trop) do
172:   begin
173:     if n>=max_lignes then trop:=true else
174:     begin n:=n+1; ligne:=fichier^; texte[n]:=ligne.lettres; get(fichier); end;
175:   end;
176:   close(fichier,lock);
177:   if trop then
178:   begin
179:     writeln('Fichier trop gros. Chargez-en une partie seulement. '); stop;
180:     close(fichier,lock); charger_partie;
181:   end
182:   else y_texte:=n;
183: end;
184: PROCEDURE CHARGER;
185: begin
186:   efface_ecran;
187:   entete(' CHARGER:    P(artie d''un fichier          T(out un fichier');
188:   gotoxy(0,0); read(choix);
189:   case choix of 'P','p': charger_partie; 'T','t': charger_tout; end;
190: end;
191:
192: (* === TRANSFERTS DE MEMOIRE CENTRALE VERS MEMOIRE PERIPHERIQUE === *)
193:
194: PROCEDURE SAUVER_SEUL; var oui: boolean;
195: begin
196:   choix_fichier;
197:   write('Attention, s''il existe un d<j@ un fichier "',nom_fich,'", ');
198:   writeln('il sera effac( !');
199:   ouinon('Voulez-vous continuer (o/n)? ',oui);
200:   if oui then
201:   begin
202:     sortir:=false; acces_fichier('reecrire');if sortir then exit(sauver_seul);
203:     for n:=1 to y_texte do
204:     begin
205:       ligne.lettres:=texte[n]; fichier^:=ligne; put(fichier);
206:     end;
207:     close(fichier,lock);
208:   end;
209: end;
210: PROCEDURE SAUVER_FIN;
211: begin
212:   choix_fichier;
213:   sortir:=false; acces_fichier('ouvrir'); if sortir then exit(sauver_fin);
214:   fin_fichier; n:=dernier;
```

```
215:  for n:=1 to y_texte do
216:  begin
217:    ligne.lettres:=texte[n]; fichier^:=ligne; put(fichier);
218:  end;
219:  close(fichier,lock);
220: end;
221: PROCEDURE SAUVER_INSERER;
222: begin
223:   choix_fichier;
224:   repeat
225:     write('Ins(rer avant quelle ligne? (0 = lire le fichier) ');
226:     (x$I-x) err:=false; readln(debut); test_io; (x$I+x)
227:     if debut=0 then lire_fichier;
228:   until debut>0;
229:   sortir:=false; acces_fichier('ouvrir'); if sortir then exit(sauver_inserer);
230:   fin_fichier; n:=dernier; bout:=n+y_texte;
231:   for n:=n+1 to bout do
232:   begin
233:     ligne.lettres:=' '; fichier^:=ligne; put(fichier);
234:   end;
235:   for p:=n downto debut do
236:   begin
237:     seek(fichier,p-1); get(fichier); ligne:=fichier^; buffer:=ligne.lettres;
238:     seek(fichier,p-1+y_texte); ligne.lettres:=buffer; put(fichier);
239:   end;
240:   seek(fichier,debut-1);
241:   for n:=1 to y_texte do
242:   begin
243:     ligne.lettres:=texte[n]; fichier^:=ligne; put(fichier);
244:   end;
245: end;
246: PROCEDURE SAUVER;
247: begin
248:   efface_ecran;
249:   entete(' SAUVER: A(jouter    I(nserer    S(eul');
250:   gotoxy(0,0); read(choix);
251:   case choix of 'A','a': sauver_fin; 'I','i': sauver_inserer;
252:                 'S','s': sauver_seul;
253:   end;
254: end;
255:
256: (x ==== LECTURE DIRECTE EN MEMOIRE PERIPHERIQUE OU CENTRALE === x)
257:
258: PROCEDURE LIRE_FICHIER;
259: begin
260:   choix_fichier;
261:   sortir:=false; acces_fichier('ouvrir'); if sortir then exit(lire_fichier);
262:   while not eof(fichier) do
263:   begin
264:     n:=n+1; ligne:=fichier^; write(n:3,':');
265:     lecture(ligne.lettres,1); get(fichier);
266:   end;
267:   close(fichier,lock);
268: stop;
269: end;
270: PROCEDURE LIRE_TABLEAU;
271: begin
272:   efface_ecran;
273:   if y_texte=0 then
274:   begin
275:     repeat
276:       write('nombre de lignes @ lire? ');
277:       (x$I-x) err:=false; readln(y_texte); test_io; (x$I+x)
278:     until err=false;
279:   end;
280:   if y_texte>max_lignes then y_texte:=max_lignes; efface_ecran;
281:   for n:=1 to y_texte do begin write(n:3,':'); lecture(texte[n],1); end;
282:   stop;
283: end;
284: PROCEDURE LIRE;
285: begin
286:   repeat
287:     efface_ecran; entete
288: (' LIRE: F)ichier sur disque    T)ableau en m(moire centrale    Q(uitter');
289:     gotoxy(0,0); read(choix);
290:     case choix of 'F','f': lire_fichier; 'T','t': lire_tableau; end;
291:   until choix in ['Q','q'];
292: end;
```

```
294: (x ============= PROCEDURES EN "ACCES DIRECT" ============= x)
295:
296: PROCEDURE AJOUTER;
297: begin
298:   choix_fichier;
299:   sortir:=false; acces_fichier('ouvrir'); if sortir then exit(ajouter);
300:   fin_fichier; n:=dernier+1; efface_ecran;
301:   write(n:3,':'); addit; ligne.lettres:=buffer;
302:   while ligne.lettres<>'/x' do
303:   begin
304:     fichier^:=ligne; put(fichier); n:=n+1;write(n:3,':');
305:     addit; ligne.lettres:=buffer;
306:   end;
307:   close(fichier,lock);
308: end;
309: PROCEDURE INSPECTER;
310: begin
311:   choix_fichier;
312:   sortir:=false; acces_fichier('ouvrir'); if sortir then exit(inspecter)
313:   repeat
314:     write('num(ro? '); (x$I-x) err:=false; readln(n); test_io; (x$I+x)
315:   until err=false;
316:   while n<>0 do
317:   begin
318:     seek(fichier,n-1); get(fichier);
319:     if eof(fichier) then begin write(chr(7),chr(31)); end
320:     else begin ligne:=fichier^; lecture(ligne.lettres,1); end;
321:     repeat
322:       write('num(ro? '); (x$I-x) err:=false; readln(n); test_io; (x$I+x)
323:     until err=false;
324:   end;
325:   close(fichier,lock);
326: end;
327: PROCEDURE CORRIGER;
328: var rep:char;
329: begin
330:   choix_fichier;
331:   sortir:=false; acces_fichier('ouvrir'); if sortir then exit(corriger);
332:   repeat
333:     write('num(ro de l''enr. @ corriger? ');
334:     (x$I-x) err:=false; readln(n); test_io; (x$I+x)
335:   until err=false;
336:   while n<>0 do
337:   begin
338:     if eof then begin close(fichier,lock); exit(corriger); end;
339:     seek(fichier,n-1); get(fichier);
340:     if eof(fichier) then begin write(chr(7),chr(31)); end
341:     else
342:     begin
343:       write(n:3,':');ligne:=fichier^; lecture(ligne.lettres,1);
344:       writeln('Entrez la ligne corrig(e (/x pour ne pas corriger) :');
345:       write(n:3,':'); addit;
346:       if buffer='' then writeln;
347:       if buffer<>'/x' then
348:       begin
349:         seek(fichier,n-1); ligne.lettres:=buffer;
350:         fichier^:=ligne; put(fichier);
351:         if eof(fichier) then
352:         begin
353:           writeln('Plus de place!'); close(fichier,lock); exit(corriger);
354:         end;
355:       end;
356:     end;
357:     repeat
358:       write('num(ro de l''enr. @ corriger? ');
359:       (x$I-x) err:=false; readln(n); test_io; (x$I+x)
360:     until err=false;
361:   end;
362:   close(fichier,lock);
363: end;
364: PROCEDURE ACCES_DIRECT;
365: begin
366:   repeat
367:     efface_ecran;
368:     entete(' ACCES DIRECT: A(jouter    C(orriger    I(nspecter    Q(uitter
369:     gotoxy(0,0);read(choix);
370:     case choix of 'A','a': ajouter; 'C','c': corriger;'I','i': inspecter;e
371:   until choix in ['Q','q'];
372: end;
```

```
374: (X ===  CREATION DE FICHIERS SANS PASSER PAR LE MODE PAGE: CHOIX I(NIT === X)
375:
376: PROCEDURE CREE_FICHIER;
377: begin
378:    choix_fichier;
379:    sortir:=false; acces_fichier('reecrire'); if sortir then exit(cree_fichier);
380:    writeln('CR pour envoyer une ligne et /X pour finir');
381:    n:=1; write(n:3,':'); addit; ligne. lettres:=buffer;
382:    while ligne.lettres<>'/X' do
383:    begin
384:      fichier^:=ligne; put(fichier);
385:      n:=n+1; write(n:3,':'); addit; ligne.lettres:=buffer;
386:    end;
387:    close(fichier,lock);
388: end;
389: PROCEDURE CREE_TABLEAU; var oui:boolean;
390: begin
391:    efface_ecran; bip;bip;bip;
392:    writeln('Attention, cette proc. va effacer tout tab. en m(noire centrale.');
393:    ouinon('On continue (o/n) ? ', oui);
394:    if oui then
395:    begin
396:      efface_ecran; for i:=1 to max_lignes do texte[i]:='';
397:      writeln('CR pour envoyer une ligne et /X pour finir');
398:      n:=1; write(n:3,':'); addit;
399:      while buffer<>'/X' do
400:      begin
401:        texte[n]:=buffer; n:=n+1; write(n:3,':'); addit;
402:      end;
403:      y_texte:=n-1;
404:    end;
405: end;
406: PROCEDURE INITIAL;
407: begin
408:    repeat
409:      efface_ecran; entete
410:  (' INITIAL: 1=Cr(er fichier  2=Cr(er tabl. en m(noire centrale  3=Quitter');
411:      gotoxy(0,0); read(choix);
412:      case choix of '1':cree_fichier;     '2':cree_tableau;   end;
413:    until choix = '3';
414: end;
415:
416: (X === EFFACEMENT D'ENREGISTREMENTS DANS UN FICHIER PERIPHERIQUE === X)
417:
418: PROCEDURE GARDE1;
419: begin
420:    get(fichier); ligne:=fichier^;buffer:=ligne.lettres;
421:    ligncopie.lettres:=buffer; copie^:=ligncopie; put(copie);
422: end;
423: PROCEDURE GARDE2;
424: begin
425:    ligne:=fichier^;buffer:=ligne.lettres; get(fichier);
426:    ligncopie.lettres:=buffer; copie^:=ligncopie; put(copie);
427: end;

428: PROCEDURE EFFACER;var c,mx,d : integer; fait: boolean;
429: begin
430:    fait:=false; eff:=true;
431:    choix_fichier;
432:    sortir:=false; acces_fichier('ouvrir'); if sortir then exit(effacer);
433:    fin_fichier; d:=dernier;  choix_lignes;
434:    choix_copie;
435:    sortir:=false; acces_copie('reecrire'); if sortir then exit(effacer);
436:    sortir:=false; acces_fichier('ouvrir'); if sortir then exit(effacer);
437:    if fin>d then
438:      begin
439:        writeln('Err: fin trop gd');close(copie,purge);stop;exit(effacer);
440:      end;
441:    if debut>fin then
442:      begin
443:        writeln('Err: debut>fin');close(copie,purge);stop;exit(effacer);
444:      end;
445:    if fin=1 then (X supprime le 1er enr seulement X)
446:      begin
447:        seek(fichier,1); for c:=2 to d do garde1; fait:=true;
448:      end;
449:    if debut=d then if not fait then (X supprime le dernier enr seulement X)
450:      begin
451:        for c:=1 to d-1 do garde2; fait:=true;
452:      end;
453:    if debut=1 then if not fait then (X supprime depuis le premier enr X)
454:      begin
455:        seek(fichier,fin); for c:=fin+1 to d do garde1; fait:=true;
456:      end;
457:    if debut>1 then if not fait then (X supprime milieu ou fin fichier X)
458:      begin
459:        for c:=1 to debut-1 do garde2; seek(fichier,fin);
460:        for c:=fin+1 to d do garde1; fait:=true;
461:      end;
462:    close(fichier,lock);close(copie,lock); eff:=false;
463: end;
464:
465: (X ================ PROCEDURE PRINCIPALE ================ X)
466:
467: PROCEDURE DISQUE;
468: begin
469:    eff:=false;
470:    nom_fich:='';(Xy_texte est initialis( au niveau editeur ou akkadX)
471:    repeat
472:      efface_ecran; entete
473:  (' DISQUE: A(cc)s-drct C(hrger E(ffcr I(nit L(ire S(auver Ctrl-P=Quit.');
474:      gotoxy(0,0);read(choix);
475:      case choix of 'A','a':acces_direct; 'C','c':charger;    'L','l':lire;
476:                    'I','i':initial;     'S','s':sauver;      'E','e':effacer;
477:      end;
478:    until ord(choix)=16; (X Ctrl-P X)
479: end;
480: BEGIN END.
```

2.5.3.2 Commentaire d'Akkadfich

L'unité Akkadfich regroupe toutes les procédures correspondant au choix "D(isque" du menu principal d'Akkad. La seule procédure déclarée en interface (l.5) est la procédure Disque (ll.467 ss.), qui comporte le menu général correspondant à ce niveau et assure l'aiguillage vers les différents choix possibles.

Les déclarations de procédures "forward" (ll.9-19) ont été rendues indispensables pour permettre de ranger les procédures dans un ordre plus pédagogique que logique: elles sont en effet regroupées en neuf sections, pour faciliter la compréhension de l'ensemble.

2.5.3.2.1 Les procédures générales

Les procédures générales (ll.21-117) sont réutilisées par plusieurs sections de l'unité. Addit et Test_bs gèrent la ligne de texte entrée à l'écran. Elles assurent la coïncidence entre les variations de la ligne à l'écran et les modifications correspondantes en mémoire. Addit utilise évidemment la procédure Clavier d'Akkaddiv.

Choix_fichier est utilisée chaque fois que l'utilisateur doit donner le nom d'un fichier, et elle provoque le réaffichage du dernier nom donné (ll.59 ss.). Choix_copie permet de donner le nom d'un fichier-copie (voir ci-dessus, paragr.2.5.3.2.8). Choix_lignes et Trop_gros serviront à donner les numéros de lignes de fichiers conservés sur disque, soit pour charger ces lignes (procédure Charger_partie), soit pour les effacer (procédure Effacer). Selon l'état de la variable booléenne "eff", les messages seront adaptés ou non à l'utilisation de Choix_lignes par la procédure Effacer (l.95). En outre, Choix_lignes offre la possibilité de lire le fichier concerné pour y repérer le numéro demandé. Il suffit pour cela de répondre par le numéro zéro (ll.96, 99-100, 105 et 108-109). La partie conversationnelle de cette procédure est traitée contre l'erreur grâce aux options de compilation "(*$I+*)" et "(*$I-*)" (voir LRM 63 et le programme de démonstration LRM 37-38), et grâce à la procédure Test_io d'Akkaddiv (voir ci-dessus paragr.2.5.2.2.2).

2.5.3.2.2 Traitement des entrées et sorties

Deux procédures très semblables, Acces_fichier (ll.121-133) et Acces_copie (ll.134-146), permettent d'ouvrir les fichiers selon le mode convenant au traitement envisagé: réécriture (rewrite, ll.128 et 141) pour un fichier nouveau à créer ou un fichier ancien à effacer et réécrire; ouverture simple (reset, ll.129 et 142) pour un fichier à lire ou à travailler en mode accès direct. La variable "mode" est un paramètre de chacune de ces deux procédures, dont seule la première lettre sera significative (ll.128-129 et 141-142). Ainsi, pour ouvrir un fichier en réécriture, on pourra écrire "acces_fichier(rxxx)", où "rxxx" est n'importe quel mot commençant par la lettre "r" minuscule ou majuscule (cf.ll.312, 435, 436, etc.).

Les ouvertures de fichiers sont traitées contre l'erreur (ll.96-98 et 105-107) de la même façon que la partie conversationnelle de Choix_lignes (voir paragr. 2.5.3.2.1), grâce à l'inhibition du contrôle automatique d'erreur et à l'appel de la procédure Test_io d'Akkaddiv. En outre, l'envoi d'un retour chariot au lieu d'un nom de fichier ne provoque pas une interruption fatale du programme qui risquerait de faire perdre le texte en mémoire centrale. En effet, dans ce cas, les procécures Acces_fichier et Acces_copie font sortir sans dommage de la procédure qui les a appelées, grâce à l'activation de la variable booléenne "sortir" (voir ll.124 ss. et 137 ss. et cf. par ex. l.154).

2.5.3.2.3 Chargement

Les procédures suivantes (ll.148-190) assurent le chargement, en mémoire centrale, d'un fichier ou d'une partie de fichier conservé sur une mémoire périphérique. L'aiguillage vers les deux procédures Charger_partie et Charger_tout se fait dans Charger (ll.184 ss.). Au cas où l'utilisateur tenterait de charger un fichier dépassant la taille maximale prévue (nombre de lignes attribué à la constante "max_lignes", à la ligne 4 d'Akkaddiv), la procédure Charger_tout émet un message et renvoie à la procédure Charger_partie (ll.179-180). Cette dernière utilise Choix_lignes (l.152 et voir ll.88 ss.) pour permettre à l'utilisateur de déterminer en toute sécurité quelle partie du fichier doit être prise.

2.5.3.2.4 Sauvegarde

Les opérations contraires, pour transférer des enregistrements depuis la mémoire centrale vers une mémoire périphérique, sont contrôlées par la procédure Sauver (ll.246 ss.) qui appelle, selon les choix de l'utilisateur (ll.251 s.), une des trois procédures correspondant à trois types de sauvegarde: (1) en un seul fichier, avec écrasement de l'ancien fichier portant le même nom, s'il existe (procédure Sauver_seul); (2) par ajout à la fin d'un fichier déjà en mémoire périphérique (procédure Sauver_fin); (3) par insertion dans un fichier déjà en mémoire périphérique (procédure Sauver_inserer), avec possibilité de consultation du fichier d'accueil pour y repérer le numéro de la ligne avant laquelle on désire insérer le nouveau texte. Pour comprendre l'utilité particulière de ce dernier mode de sauvegarde, voir ci-dessus, paragraphe 2.2.3.7.

2.5.3.2.5 Lecture de fichiers et tableaux

Les procédures commandées par Lire (ll.258-283) correspondent au choix "L(ire" du menu de la procédure principale Disque. Elles permettent de visualiser rapidement à l'écran un texte venant de la mémoire centrale (Lire_tableau) ou d'un fichier périphérique (Lire_fichier). En outre, Lire_fichier est parfois appelée par d'autres procédures, comme Choix_lignes ou Sauver_inserer.

2.5.3.2.6 Accès direct

Les procédures en "accès direct" sont regroupées aux lignes 310-392. Appelées par la procédure-menu Acces_direct (ll. 384 ss.), leur architecture est tout à fait classique, et se fonde sur l'emploi de l'instruction "Seek" (voir LRM 39 s.). Notons que la mise en oeuvre de cette instruction nécessite la présence en ligne de l'unité Pascalio du System.library d'origine de l'Apple Pascal.

Nos procédures d'accès direct utilisent les méthodes de traitement de l'erreur décrites aux paragraphes 2.5.3.2.1 et 2.5.3.2.2. Par ailleurs, elles utilisent Addit (ll.301 et 345), pour l'affichage en écriture, et Lecture d'Akkaddiv (ll.320 et 343) pour l'affichage en lecture, offrant ainsi à l'écran la même fonte de caractères que l'Editeur en mode page.

Le code "/*" sert à sortir de la procédure Ajouter (l.302); ou bien à renoncer à une correction dans la procédure Corriger (ll.347 ss.). Dans les deux cas, le code doit se trouver seul sur sa ligne: s'il est précédé ou suivi par d'autres lettres ou signes, il n'aura aucune action.

2.5.3.2.7 Création de fichiers et tableaux

Ces procédures (ll.376-414) correspondent au choix "I(nit" du niveau Disque et permettent de créer un fichier sur disque ou un tableau en mémoire centrale sans passer par l'Editeur en mode page.

Un tableau ainsi créé en mémoire centrale pourra ensuite être sauvé sur mémoire périphérique exactement comme un texte venant de l'Editeur en mode page. De même, un fichier créé par la procédure Cree_fichier pourra être chargé en mémoire centrale, comme n'importe quel fichier. On pourra ensuite choisir de le continuer en mémoire centrale, dans l'Editeur en mode page, ou en accès direct, en restant au niveau Disque. Les procédures Cree_fichier et Cree_tableau provoquent l'affichage automatique de numéros de lignes, suivis de deux points (ll.381, 385, 398 et 401). Ces numéros ne sont évidemment pas mis en mémoire avec le texte et leur existence est limitée au temps d'affichage.

2.5.3.2.8 Effacement d'enregistrements

La procédure Effacer (ll.428-463), appelée par le choix E(ffcr du menu Disque, permet de supprimer des lignes, c'est à dire des enregistrements, dans un fichier conservé sur disque. Le procédé utilisé est fondé sur la recopie du fichier initial dans un fichier copie, sans les lignes à supprimer. Le choix du nom du fichier copie est assuré par la procédure Choix_copie (ll.77-82, appelée l.434). On pourrait, au cas où le problème de place sur mémoire périphérique serait crucial, effectuer une recopie du fichier initial dans lui-même en donnant son nom à la copie, ou en entrant un signe dollar à la place de son nom (voir ll.79-81).

La détermination de l'espace à supprimer est effectuée grâce à la procédure Choix_lignes, appelée l.433. Tous les cas sont traités: erreur dans la détermination de la partie à effacer (ll.437-444); suppression du premier enregistrement seulement (ll.445-448); suppression du dernier enregistrement seulement (ll.449-452); suppression du début du fichier, depuis le premier enregistrement (ll.453-456) et enfin suppression d'une partie médiane ou de la fin du fichier (ll.457-461). Le positionnement au début des espaces à recopier est assuré par la commande d'accès direct Seek (ll.447, 455 et 459).

La différence entre Garde1 (ll.418 ss.) et Garde2 (ll.423 ss.) tient uniquement à la place de la commande "get(fichier)" qui fait avancer à l'enregistrement suivant. On aurait pu fondre ces deux procédures en une seule, avec un aiguillage assuré, par exemple, par une variable booléenne. C'est par souci de pédagogie que, dans des cas de ce genre, nous préférons une écriture extensive plutôt qu'un style plus concis mais moins compréhensible.

2.5.4 L'unité Akkadpage

2.5.4.1 Texte d'Akkadpage

```
1: (x$S+x)
2: UNIT Akkadpage;
3: INTERFACE
4: uses (x$U Akkaddiv.code x) Akkaddiv,
5:      (x$U Akkadfich.code x) Akkadfich;
6: var droite,gauche: string;
7:     lignins, debut_curseur:boolean;
8:     choix_curs: char;
9: procedure INSERER;
10: procedure CURSEUR;
11: procedure AFFICHE;
12: procedure EDITEUR;
13: IMPLEMENTATION
14: var lg,lng,i,debut,fin:integer;
15:     vis,rien,aff_pr_insert,err_ent: boolean;
16:     choix_edit:char;
17: procedure insertion; forward;       procedure detruire; forward;
18: procedure entete_curseur; forward;  procedure nord; forward;
19: procedure sud; forward;             procedure est; forward;
20: procedure ouest; forward;           procedure debut_texte; forward;
21: procedure fin_texte; forward;       procedure page; forward;
22: procedure visu; forward;            procedure visu_xy; forward;
23: procedure reunit_lignes; forward;
24:
25: (x ============ NIVEAU  EDITEUR ============ x)
26:
27: PROCEDURE LIT_ENTIER(var entier: integer); (xactive la var err_entx)
28: begin
29:   (x$I-x) readln(entier);
30:   if ioresult=0 then err_ent:=false else begin err_ent:=true; entier:=0; end;
31:   (x$I+x)
32: end;

33: PROCEDURE INIT_EDITEUR;
34: begin
35:   x_ecran:=0; x_texte:=1; i_texte:=0; haut_ecran:=1;
36:   titre:=true; prefixe_oui:=false; rien:=true;
37: end;
38: PROCEDURE REINITIALISE; var rep: integer;
39: begin
40:   write(chr(29));
41:   write('Combien de lignes anciennes voulez-vous garder ? : ');
42:   repeat lit_entier(rep) until (not err_ent) and (rep in [0..max_lignes]);
43:   if rep=0 then begin rien:=false; texte[1]:=' '; y_texte:=1 end
44:   else begin y_texte:=rep; rien:=false; end;
45:   choix_edit:=chr(8);
46: end;
47: PROCEDURE ENTETE_EDITEUR;
48: begin
49:   entete
50:   (' Editeur: Curseur('O/'L/<-/->) D(isque R((initial. Q(uitter S(auver');
51: end;
52: PROCEDURE EDITEUR;
53: begin
54:   efface_ecran; init_editeur;
55:   repeat
56:     if titre=true then begin entete_editeur;gotoxy(0,0);end;
57:     read(keyboard,choix_edit);
58:     case choix_edit of 'R','r':        begin titre:=true; reinitialise; end;
59:                        'D','d','S','s':begin attn; disque; end;
60:     end;
61:     if ord(choix_edit) in [8,12,15,21] then
62:     begin
63:       if y_texte>0 then rien:=false;
64:       if not rien then
```

```
65:      begin
66:        choix_curseur:=choix_editeur; debut_curseur:=true; curseur;
67:      end
68:      else
69:      begin
70:        bip;bip; gotoxy(30,10); write('Rien en mémoire');gotoxy(0,0);
71:      end;
72:    end;
73:   until choix_editeur in['Q','q'];
74:   debut_curseur:=false;
75: end;
76:
77: (* ========= NIVEAU CURSEUR: PROCEDURES GENERALES - 1 - ========== *)
78:
79: PROCEDURE ECRAN_TEXTE; (* donne x_texte et i_texte               *)
80: begin                  (* @ partir de haut_ecran, x_ecran et i_ecran  *)
81:   lg:=length(texte[i_texte]);
82:   if x_texte>lg then begin x_ecran:=lg-1; x_texte:=lg; xy; end;
83:   if x_ecran<0 then x_ecran:=0; x_texte:=x_ecran+1;
84:   if i_ecran>y_texte-haut_ecran+1 then i_ecran:=y_texte-haut_ecran+1;
85:   i_texte:=haut_ecran+i_ecran-1;
86: end;
87: PROCEDURE AFFICHE; (* @ partir de la valeur de haut_ecran *)
88: var fin:integer;
89: begin
90:   if y_texte-haut_ecran<23 then fin:=y_texte else fin:=haut_ecran+22;
91:   efface_ecran; gotoxy(0,1);
92:   for i:=haut_ecran to fin-1 do lecture(texte[i],1);
93:   lecture(texte[fin],0); entete_curseur; ecran_texte; xy;
94: end;
95: PROCEDURE INIT_CURSEUR;
96: begin
97:   entete_curseur;
98:   if debut_curseur then
99:   begin
100:    vis:=false; haut_ecran:=1; x_ecran:=0; i_ecran:=1; ecran_texte; lg:=0; xy;
101:   end;
102: end;
103: PROCEDURE ENTETE_CURSEUR;
104: begin
105:   gotoxy(0,0);
106: entete
107: (' Curseur: 'O 'L <- -> B(as D(tr E(dit H(aut I(ns P(ge R(eu  V');
108:   gotoxy(65,0); if vis then write('+') else write('-'); xy;
109: end;
110: PROCEDURE CURSEUR;
111: begin
112:   aff_pr_insert:=false;
113:   if debut_curseur then init_curseur;
114:   repeat
115:     case ord(choix_curs) of
116:      12: begin sud; visu_xy; end;
117:       8: begin ouest; visu_xy; end;
118:      68,100: detruire;
119:      73,105: insertion;
120:      82,114: reunit_lignes;
121:     end;
122:     read(keyboard,choix_curs);
123:   until ord(choix_curs) in[69,101];
124:   titre:=true; debut_curseur:=false; efface_ecran;
125: end;
126:
127: (* ======= NIVEAU CURSEUR: VISUALISATION DES COMPTEURS ========= *)
128:
129: PROCEDURE VISU;
130: begin
131:   gotoxy(65,0);if vis then begin write('-'); vis:=false; xy; end
132:                    else begin write('+'); vis:=true; xy; end;
133: end;
134: PROCEDURE COL; begin write(chr(29),chr(26),chr(0),chr(26),chr(0)); end;
135: PROCEDURE VISU_XY;
136: begin
137:   lg:=length(texte[i_texte]);
138:   if vis then
139:   begin
140:     gotoxy(60,1); col; write('lign txt: ',i_texte:3);
141:     gotoxy(60,2); col; write('lign ecr: ',i_ecran:3);

142:     gotoxy(60,3); col; write('lettre  : ',x_texte:3);
143:     gotoxy(60,4); col; write('haut ecr: ',haut_ecran:3);
144:     gotoxy(60,5); col; write('lgn ligt :lg:3);
145:     gotoxy(60,6); col; write('nb lg mx: ',y_texte:3);
146:   xy;
147:  end;
148: end;
149:
150: (* ==== NIVEAU CURSEUR: GESTION DU CURSEUR ET DE LA FENETRE D'ECRAN ==== *)
151:
152: PROCEDURE BOUT_DROIT;
153: begin
154:   lg:=length(texte[i_texte]);
155:   if x_ecran>lg-1 then begin x_ecran:=lg-1; ecran_texte; end;
156: end;
157: PROCEDURE REMONTE(n:integer);
158: begin
159:   haut_ecran:=haut_ecran-n; (*x_ecran et i_ecran inchangés*)
160:   ecran_texte; affiche; xy;
161: end;
162: PROCEDURE NORD;
163: begin
164:   i_ecran:=i_ecran-1; ecran_texte;
165:   if i_ecran<1 then
166:   begin
167:     i_ecran:=1; ecran_texte;
168:     if haut_ecran=1 then bip
169:     else
170:     begin
171:       if haut_ecran>20 then remonte(20)
172:       else remonte(haut_ecran-1);
173:     end;
174:   end;
175:   bout_droit; xy;
176: end;
177: PROCEDURE SUD;
178: begin
179:   if i_texte=y_texte then bip
180:   else
181:   begin
182:     i_ecran:=i_ecran+1; ecran_texte;
183:     if i_ecran>23 then
184:     begin
185:       write(chr(13)); lecture(texte[i_texte],0); entete_curseur;
186:       i_ecran:=23; haut_ecran:=haut_ecran+1;
187:     end;
188:   end;
189:   bout_droit; xy;
190: end;
191: PROCEDURE EST;
192: begin
193:   if i_texte=0 then sud;
194:   x_ecran:=x_ecran+1; ecran_texte; lg:=length(texte[i_texte]);
195:   ecran_texte; xy;
196: end;
197: PROCEDURE OUEST;
198: begin
199:   x_ecran:=x_ecran-1; ecran_texte;
200:   if x_ecran<0 then begin bip; x_ecran:=0; ecran_texte; end;
201:   xy;
202: end;
203: PROCEDURE DEBUT_TEXTE;
204: begin
205:   haut_ecran:=1; x_ecran:=0; i_ecran:=1; ecran_texte; affiche; xy; visu_xy;
206:   aff_pr_insert:=true;
207: end;
208: PROCEDURE FIN_TEXTE;
209: begin
210:   if y_texte<10 then debut_texte
211:   else
212:   begin
213:     haut_ecran:=y_texte-9; affiche;
214:     iecran:=10; x_ecran:=length(texte[y_texte])-1;
215:     ecran_texte; xy; visu_xy;
216:   end;
217:   aff_pr_insert:=true;
218: end;
```

```
219: PROCEDURE PAGE;
220: begin
221:   if y_texte-haut_ecran>20 then i:=20 else i:=y_texte-haut_ecran;
222:   haut_ecran:=haut_ecran+i ;x_ecran:=0; i_ecran:=1; ecran_texte;
223:   affiche; xy; visu_xy;
224: end;
225:
226: (x ============== DESTRUCTION DE LIGNES ============= x)
227:
228: PROCEDURE DETR_LGN;
229: var interval:integer;
230: begin
231:   if debut <>0 then
232:   begin
233:     if fin<>0 then
234:     begin
235:       if fin>y_texte then fin:=y_texte;
236:       interval:=fin-debut+1;
237:       if fin<y_texte then
238:         for i:=fin+1 to y_texte do texte[i-interval]:=texte[i];
239:       y_texte:=y_texte-interval;
240:     end;
241:   end;
242: end;
243: PROCEDURE DETRUIT_PARTIE;
244: begin
245:   if texte[1]<>'' then
246:   begin
247:     gotoxy(45,0);write(' de 1.: '); lit_entier(debut);
248:     if err_ent then exit(detruire);
249:     gotoxy(60,0);write(' @ 1.: '); lit_entier(fin);
250:     if err_ent then exit(detruire);
251:     detr_lgn; affiche;
252:   end;
253: end;
254: PROCEDURE DETRUIT_LIGNECOURANTE;
255: begin
256:   if y_texte=1 then texte[y_texte]:=' '
257:   else begin debut:=i_texte; fin:=i_texte; detr_lgn; end;
258:   affiche; end;
259: PROCEDURE DETRUIRE;
260: begin
261:   entete(' Detruire:   L(igne courante  P(artie');
262:   gotoxy(0,0);read(keyboard,car_lu);
263:   case car_lu of  'P','p':detruit_partie; 'L','l':detruit_lignecourante; end;
264:   ecran_texte; xy; visu_xy; entete_curseur;
265: end;
266:
267: (x =============== NIVEAU REUNIT_LIGNES ============== x)
268:
269: PROCEDURE REUNIT_LIGNES;
270: begin
271:   entete(' R(unit deux lignes: ');
272:   gotoxy(25,0); write('prem. lgn. (dest.): '); lit_entier(debut);
273:   if debut=0 then begin entete_curseur; exit(reunit_lignes); end;
274:   gotoxy(55,0); write('sec. lgn. (@ d<tr.): '); lit_entier(fin);
275:   if fin=0 then begin entete_curseur; exit(reunit_lignes); end;
276:   if length(texte[debut])+length(texte[fin])<80 then
277:     if fin<=y_texte then if debut<=y_texte then
278:     begin
279:       texte[debut]:=copy(texte[debut],1,length(texte[debut])-1);
280:       texte[debut]:=concat(texte[debut],texte[fin]);
281:     end;
282:   if debut<>fin then begin debut:=fin; detr_lgn; end;
283:   affiche; visu_xy; entete_curseur;
284: end;
285:
286: (x ============== NIVEAU  INSERTION ============== x)
287:
288: PROCEDURE PLEIN;
289: begin
290:   bip;bip; y_texte:=max_lignes-1;
291:   write('xxxx plein !!! xxxx'); y_texte:=y_texte-1;
292: end;
293: PROCEDURE TEST_BS;
294: begin
295:   if car_lu=chr(8) then
```

```
296:   begin
297:     if x_texte<2 then begin bip; x_texte:=2; end
298:     else
299:     begin
300:       delete(gauche,x_texte-1,1);lng:=lng-1; write(chr(8),' ',chr(8));
301:     end;
302:     x_texte:=x_texte-1;
303:   end;
304:   xy;
305: end;
306: PROCEDURE ENTETE_INSERTION;
307: begin
308:   entete
309:   (' Insertion: 'P pour retourner au niveau Curseur             V');
310:   gotoxy(65,0); if vis then write('+') else write('-'); xy;
311: end;
312: PROCEDURE LIGNE_SUIVANTE; var i,j:integer;
313: begin
314:   if y_texte>=max_lignes-1 then plein;
315:   if i_texte<=y_texte then
316:   begin
317:     write(chr(11)); texte[y_texte+1]:='';
318:     for i:=(y_texte+1) downto (i_texte+2) do texte[i]:=texte[i-1];
319:   end;
320:   lng:=0;
321:   x_texte:=1;x_ecran:=0;i_ecran:=i_ecran+1;i_texte:=i_texte+1;
322:   y_texte:=y_texte+1;
323:   if gauche[length(gauche)]<>' ' then gauche:=concat(gauche,' ');
324:   texte[i_texte-1]:=gauche; texte[i_texte]:='';
325:   gauche:=''; xy; lignins:=true;
326: end;
327: PROCEDURE INSERTION;(xenvoie a inserer et r)gle l'affichage au retourx)
328: var bas_ecran, l:integer;
329: begin
330:   if not aff_pr_insert then bip    (xaffichage obligatoire avantx)
331:   else
332:   begin
333:     entete_insertion; inserer;
334:     if lignins then
335:     begin
336:       bas_ecran:=22-i_ecran;
337:       if y_texte<i_texte+bas_ecran then bas_ecran:=y_texte-i_texte;
338:       if bas_ecran<>0 then
339:       begin
340:         gotoxy(0,i_ecran+1);
341:         for l:=i_texte+1 to (i_texte+bas_ecran-1) do lecture(texte[l],1);
342:         lecture (texte[i_texte+bas_ecran],0); write(chr(29),chr(8));
343:       end;
344:     end;
345:   end;
346:   entete_curseur; x_texte:=length(texte[i_texte]); ecran_texte; xy; visu_x
347: end;
348: PROCEDURE ADDITION; var quitte: char;
349: begin
350:   lng:=length(gauche);quitte:=chr(16);
351:   repeat
352:     if prefixe_oui=true then read(keyboard,car_lu) else read(car_lu);
353:     clavier; test_bs;
354:     if pris then
355:     begin
356:       if lng<78 then
357:       begin
358:         gauche:=concat(gauche,tampon); x_texte:=x_texte+1; lng:=lng+1; xy;
359:       end
360:       else begin bip; lng:=78; write(' ');xy; end;
361:     end;
362:     if eoln then ligne_suivante;
363:   until car_lu=quitte;
364:   if length(gauche)+length(droite)>79 then
365:   begin
366:     texte[i_texte]:=gauche; ligne_suivante; texte[i_texte]:=droite;
367:   end
368:   else texte[i_texte]:=concat(gauche,droite);
369: end;
```

```
370: PROCEDURE INSERER;                          376:  lecture(droite,0); xy; addition;
371: begin                                       377:  gotoxy(0,i_ecran); write(chr(29)); gotoxy(0,i_ecran);
372:   lignins:=false; tampon:=''; lng:=0; gotoxy(0,i_ecran);  378:  lecture(texte[i_texte],0); write(chr(29),chr(8));
373:   gauche:=(copy(texte[i_texte],1,x_texte-1); lecture(gauche,0); xy;  379:  ecran_texte; xy; visu_xy;
374:   write(chr(29)); gotoxy(78-(length(texte[i_texte])-x_texte),i_ecran);  380: end;
375:   droite:=(copy(texte[i_texte],x_texte,length(texte[i_texte])-x_texte+1));  381: BEGIN END.
```

2.5.4.2 Commentaire d'Akkadpage

Cette unité contient la plupart des procédures nécessaires pour faire fonctionner l'Editeur en mode page d'Akkad.

2.5.4.2.1 Niveau Editeur

La procédure Editeur (ll.52-75) appelle l'affichage de la ligne de commandes de ce niveau (Entete_editeur, ll.47-51 appelée depuis l.56) et assure l'aiguillage vers les niveaux suivants. On constatera, l.59, que les choix "D" et "S" sont équivalents. Sur l'utilité particulière de ce choix "S" pour une sauvegarde rapide par quatre commandes "S" successives, voir ci-dessus, paragr.2.2.3.6.

La variable booléenne "rien" (ll.15, 36, 43 s., 63 s.) permet d'éviter que l'on ne puisse entrer dans une page-écran vide et oblige à utiliser le choix "R" si la variable y_texte (initialisée dans Akkaddiv: voir paragr.2.5.2.2.1) contient le nombre zéro. C'est la procédure Reinitialise (ll.38-46) qui correspond au choix "R".

Enfin, Lit_entier (ll.27-32) sert à éviter qu'une erreur de l'utilisateur, donnant une lettre au lieu d'un chiffre en réponse à certaines demandes du logiciel, ne risque de provoquer une erreur fatale stoppant le programme en cours. Sur les techniques de "traitement de l'erreur", voir aussi ci-dessus, paragr.2.5.3.2.2.

2.5.4.2.2 Niveau Curseur: procédures générales

Ces procédures sont regroupées aux lignes 77-125. La procédure Curseur constitue l'aiguillage de ce niveau. Après avoir appelé la procédure d'initialisation Init_curseur (ll.95 ss.) qui affiche la ligne de commandes (Entete_curseur, l.97 et ll.103 ss.) et initialise les variables, la procédure Curseur enregistre les choix de l'utilisateur et, en fonction de ce choix, appelle les diverses procécures de ce niveau (ll.115 ss.). La programmation des mouvements du curseur et de son action sur l'affichage est destinée à donner le plus possible à l'utilisateur l'impression qu'il utilise une machine à écrire traditionnelle et une feuille de papier; à ceci près que la feuille contient le nombre de lignes de 79 caractères accordé par la constante max_lignes déclarée dans Akkaddiv (120 pour cette version) et que cette longue page n'est accessible au regard que par blocs de 23 lignes, suivant la contenance de l'écran AppleII-Videoterm.

La programmation de cette illusion est relativement délicate, et elle consiste tout d'abord à coordonner les mouvements et actions du curseur sur l'écran et à les traduire par les actions correspondantes en mémoire centrale. La procédure Ecran_texte (ll.79 ss.) joue un rôle important dans cette coordination: comme l'indique le commentaire inséré dans le texte (ll.79 s.), cette procédure calcule les variables x_texte (position courante dans la ligne) et i_texte (position courante dans un texte déjà créé) à partir des valeurs contenues à ce moment-là dans haut_ecran (numéro de la première ligne de texte apparaissant à l'écran), x_ecran (position horizontale sur l'écran) et i_ecran (position verticale sur l'écran). Ainsi, les procécures de gestion du curseur travailleront toujours à partir de la position sur l'écran et appelleront Ecran_texte chaque fois qu'il conviendra de calculer les positions correspondantes dans le texte.

La procédure Affiche (ll.87 ss.) envoie à l'écran, grâce à Lecture d'Akkaddiv, le texte depuis la valeur courante de la variable haut_ecran. Comme nous le verrons cette procédure est d'un usage très fréquent.

2.5.4.2.3 Niveau Curseur: les compteurs

La visualisation, à l'écran, des valeurs contenues à tout moment par les variables les plus importantes, permet à l'utilisateur de savoir à quel endroit du texte il se trouve. C'est la procédure Visu_xy (ll.135 ss.) qui assure cette fonction. Elle entre en action lorsque la variable booléenne "vis" est vraie. Chaque fois que Visu_xy sera appelée, l'affichage des valeurs contenues dans les variables sera réactualisée.

2.5.4.2.4 Niveau Curseur: gestion du curseur et de la fenêtre d'écran

Les procédures Nord, Sud, Est et Ouest (ll.162 ss.) assurent les mouvements du curseur dans les quatre directions. Bout_droit (ll.152 ss.) sert de garde-fou pour éviter que le curseur ne dépasse sur l'écran une position correspondant au texte mémorisé. Remonte est une annexe de Nord: elle assure le réaffichage d'une partie du texte supérieur lorsque le curseur a atteint le haut de l'écran, donnant l'illusion que le texte est tiré vers le bas, ou que la fenêtre d'écran est remontée.

Debut_texte (ll.203 ss.) correspond au choix "H" et provoque l'affichage de la première page d'écran du texte et le positionnement du curseur tout au début du texte, tandis que Fin_texte (ll.208 ss.) est activée par le choix "B" et permet d'obtenir l'affichage de la fin du texte et, si le texte fait au moins dix lignes, le positionnement du curseur après le dernier caractère.

2.5.4.2.5 Niveau Detruire: destruction de ligne

La procédure Detruire (ll.259 ss.) correspond au choix "D" du niveau Curseur et provoque l'affichage d'une ligne de commandes donnant le choix entre la destruction de la ligne courante, c'est à dire celle sur laquelle se trouvait le curseur au moment de l'activation de "D"; et la destruction d'une série de lignes (procédure Detr_lgn appelée par Detruit_partie). On peut retourner au niveau Curseur sans avoir rien détruit, simplement par un retour chariot, afin, par exemple, d'activer la commande "V" pour visualiser les compteurs et repérer le numéro des lignes que l'on désire supprimer.

Après chaque destruction, un affichage est refait automatiquement (voir ll.241 et 248) pour permettre de vérifier le succès de l'opération. Il convient de noter que les lignes ainsi détruites sont définitivement perdues et ne pourront pratiquement jamais être récupérées. Ces procédures doivent donc être utilisées avec soin et prudence.

2.5.4.2.6 Niveau Reunit: réunion de lignes

La procédure Reunit_lignes (ll.269 ss.), appelée par le choix "R" du niveau Curseur, premet de réunir deux lignes en une seule, à la place de la première. Elle assure la destruction de la seconde ligne, devenue inutile (voir l.282) et ne modifie pas le texte si la demande faite par l'utilisateur est irréalisable (voir ll. 273 et 275). La réunion, lorsque toutes les conditions sont remplies pour qu'elle ait lieu, est réglée par les lignes 279 et 280.

2.5.4.2.7 Niveau Insertion

Correspondant au choix "I" du niveau curseur, la procédure Insertion (ll.327 ss.) appelle l'affichage de la ligne de commandes de ce niveau (Entete_insertion), puis la procédure Inserer (ll.370 ss.) dont nous reparlerons plus bas, et qui ménage la place pour l'insertion sur l'écran et règle écriture et enregistrement du texte à insérer. Insertion effectue ensuite (ll.334 ss.), lorsque l'insertion est terminée, le réaffichage du texte modifié et provoque le retour au niveau Curseur.

Quant à la procédure Inserer qui effectue comme nous l'avons dit la partie centrale de l'opération d'insertion, elle provoque le stockage de la partie gauche de la ligne avant la position du curseur dans la variable "gauche" (l.373), et de la partie droite de la ligne dans la variable "droite" (l.375). Les deux parties de la ligne sont réaffichées par la procédure Lecture d'Akkaddiv, la partie droite étant renvoyée aussi loin que possible à droite de la ligne. Inserer appelle ensuite la procédure Addition (ll.376 et 348 ss.) qui prend le texte tapé au clavier par l'utilisateur grâce à la procédure Clavier et la variable car_lu d'Akkaddiv. C'est cette même procécure Addition qui autorise les retours en arrière sur la ligne pour effacer des caractères grâce à la procédure Test_bs (ll.293 ss.), appelée depuis la ligne 353. Enfin, Addition provoque la répartition du texte sur deux lignes dans les cas où l'insertion a généré une ligne de plus de 79 caractères (voir ll.364 ss.).

Le passage à la ligne suivante après l'envoi d'un Return par l'utilisateur est assuré par la procédure Ligne_suivante (ll.312 ss.) qui ménage dans la mémoire la place nécessaire pour la prochaine ligne, en créant, tout en bas du tableau en mémoire centrale une nouvelle ligne d'indice y_texte+1 (l.317). Si l'insertion se fait à l'intérieur d'un texte, Ligne_suivante repousse, par recopie, toutes les lignes vers le bas (l.318). Les variables-compteurs sont ensuite mises à jour (ll.321 s.).

2.5.5 L'unité Akkadimpr

2.5.5.1 Texte d'Akkadimpr

```
1: (X$S+X)
2: UNIT Akkadimpr;
3: INTERFACE
4: uses (X$U Akkaddiv.code X) Akkaddiv;
5: const lg_ref_seq=10; lg_ref_lig=5;   lg_l_trslit=160;
6:       lg_trslit=35; lg_trscript=35;
7: type ll_ligne=record
8:              ref_seq:string[lg_ref_seq]; ref_lig:string[lg_ref_lig];
9:              ltrslit:string[lg_l_trslit];
10:      end;
11:     tt_mot=record
12:              ref_seq:string[lg_ref_seq]; ref_lig:string[lg_ref_lig];
13:              trslit:string[lg_trslit];   trscript:string[lg_trscript];
14:      end;
15:     lsortie=file of ll_ligne; lfichier=file of tt_mot;
16: var rec_ligne: ll_ligne; fic_ligne: lsortie;
17:     rec_mot: tt_mot; fich: lfichier; papier,fich_codes:text;
18:     ctn, chg: boolean;
19: procedure IMPRESSION;
20: IMPLEMENTATION
21: var numero,marge,interlg,i,p,passes:integer;
22:     fonte,nom_fichier:string; buffr: string[255];
23:     codes:array[0..255] of string[6];
24:     b_ref_seq,b_ref_lig,b_l_trslit,b_trslit,b_trscript:string;
25:     (XXXXXXX METTRE DES LONGUEURS DE CHAINES ADEQUATES XXXXXXXX)
26:     signe,typfich:char; displ: boolean;
27:
28: (X ========== PROCEDURES GENERALES  - 1 - ========== X)
29:
30: PROCEDURE CR; begin write(papier, chr(13)); end;
31: PROCEDURE L_ARRIERE; begin write(papier, chr(27),chr(10)); end;
32: PROCEDURE MODECAR; begin write(papier, chr(27),chr(19)); end;
33: PROCEDURE MI_L_AVANT; begin write(papier, chr(27),chr(28)); end;
34: PROCEDURE MI_L_ARRIERE; begin write(papier, chr(27),chr(30)); end;
35: PROCEDURE MODEGRAPH; begin write(papier, chr(27),chr(37),chr(48)); end;
36: PROCEDURE INITIMPR; begin rewrite(papier,'printer:'); cr; modegraph; end;
37: PROCEDURE CR_ET_MI_L; begin modecar; cr; mi_l_arriere; modegraph; end;
38: PROCEDURE GAUCHE; begin modecar; cr; l_arriere; modegraph; end;
39:
40: (X ========== CHOIX ET CHARGEMENT DE LA FONTE ========== X)
41:
42: PROCEDURE CHOIX_FONTE;
43: begin
44:   writeln; writeln;
45:   write('Nom du fichier contenant la fonte @ utiliser (type Akkadcentr) : ');
46:   readln(fonte);
47: end;
48: PROCEDURE CHARGE_CODES;
49: var k : integer;
50: begin
51:   (X$I-X) err:=false; reset(fich_codes, fonte); test_io; (X$I+X)
52:   if err then exit(impression);
53:   bip; writeln; write('           Patience, je charge les codes! ');
54:   for k:=0 to 255 do begin readln(fich_codes,codes[k]);write('.');end;
55:   close(fich_codes,lock); writeln; bip; bip;
56: end;
57:
58: (X ========== CHOIX DE LA MISE EN PAGE ET D'OPTIONS DIVERSES ========== X)
59:
60: PROCEDURE CHOIX_INTERLIGNE;
61: begin
62:   repeat
63:     writeln;
64:     write('Nombre de 1/2 lignes d''interligne suppl(mentaire (de 0 @ 8): ');
65:     readln(interlg);
66:   until ord(interlg) in [0..8];
67: end;
```

```
68: PROCEDURE INTERLIGNE; begin  for i:=0 to interlg do cr_et_mi_l; end;
69: PROCEDURE CHOIX_MARGEGAUCHE;
70: begin
71:    repeat writeln; write('Marge gauche : '); readln(marge);
72:    until marge in[0..80];
73: end;
74: PROCEDURE IMPRMARGE; begin for i:=1 to marge do write(papier,codes[32]); end;
75: PROCEDURE CHOIX_PASSES;
76: begin
77:    writeln; write('Nombre de passages sur chaque ligne: '); readln(passes);
78: end;
79: PROCEDURE CHOIX_DISPLAY;
80: begin
81:    writeln;
82:    ouinon('Voulez-vous voir @ l''Ecran le texte imprim( (o/n) ? ',displ);
83: end;
84:
85: (x ========= CHOIX DU FICHIER ET DE SON FORMAT ========= x)
86:
87: PROCEDURE CHOIX_FICHIER;
88: begin
89:    writeln;
90:    writeln('Quel type de fichier voulez-vous imprimer? ');
91:    writeln('Type AKKAD (cr(( sous AKKAD) ........... 1 ');
92:    writeln('Type .PRE (cr(( par Xxprepare) ......... 2 ');
93:    writeln('Type .IND (cr(( par Xxindex) ........... 3 ');
94:    writeln('Type .TRI (cr(( par Xxtri) ............. 4 ');
95:    repeat
96:       write('Ecrivez le chiffre choisi          ===>');
97:       readln(typfich);
98:    until typfich in ['1','2','3','4'];
99:    writeln;write('Nom du fichier @ imprimer (sans suffixe): ');
100:   readln(nom_fichier);
101:   if typfich='2' then nom_fichier:=concat(nom_fichier,'.pre');
102:   if typfich='3' then nom_fichier:=concat(nom_fichier,'.ind');
103:   if typfich='4' then nom_fichier:=concat(nom_fichier,'.tri');
104: end;
105:
106: (x ============ PROCEDURES D'IMPRESSION ============ x)
107:
108: PROCEDURE IMPR_LIGNE(prem_code:integer);
109: var j:integer;
110: begin
111:    for j:=1 to length(buffr) do
112:    begin
113:       tampon:=copy(buffr,j,1); signe:=tampon[1];
114:       write(papier,codes[ord(signe)+prem_code]);
115:    end;
116: end;
117: PROCEDURE ENVOIE_LIGNE;
118: begin
119:    imprmarge;
120:    for p:=1 to passes do begin gauche; imprmarge; impr_ligne(0); end;
121:    cr_et_mi_l;
122:    for p:=1 to passes do begin gauche; imprmarge; impr_ligne(128); end;
123:    interligne;
124: end;
125: PROCEDURE I_AKKAD;
126: begin
127:    (x$I-x) err:=false; reset(fichier,nom_fichier); test_io; (x$I+x)
128:    if err then exit(impression);
129:    while not eof(fichier) do
130:    begin
131:       ligne:=fichier^; buffr:=ligne.lettres;
132:       if displ then lecture(buffr,1); envoie_ligne; get(fichier);
133:    end;
134: end;
```

```
135: PROCEDURE I_PREPARE;
136: begin
137:    (x$I-x) err:=false; reset(fic_ligne,nom_fichier); test_io; (x$I+x)
138:    if err then exit(impression);
139:    while not eof(fic_ligne) do
140:    begin
141:       rec_ligne:=fic_ligne^;
142:       with rec_ligne do
143:       begin
144:          b_ref_seq:=concat(ref_seq,', 1.'); b_ref_lig:=concat(ref_lig,' : ');
145:          b_l_trslit:=ltrslit;
146:       end;
147:       buffr:=concat(b_ref_seq,b_ref_lig,b_l_trslit);
148:       if displ then lecture(buffr,1);envoie_ligne; get(fic_ligne);
149:    end;
150: end;
151: PROCEDURE I_IND_ET_TRI;
152: begin
153:    (x$I-x) err:=false; reset(fich,nom_fichier); test_io; (x$I+x)
154:    if err then exit(impression);
155:    while not eof(fich) do
156:    begin
157:       rec_mot:=fich^;
158:       with rec_mot do
159:       begin
160:          b_trscript:=concat(trscript,' : '); b_ref_seq:=concat(ref_seq,', 1.');
161:          b_ref_lig:=concat(ref_lig,' : ');   b_trslit:=trslit;
162:       end;
163:       buffr:=concat(b_trscript,b_ref_seq,b_ref_lig,b_trslit);
164:       if displ then lecture(buffr,1); envoie_ligne; get(fich);
165:    end;
166: end;
167:
168: (x ========= PROCEDURES GENERALES - 2 - ========= x)
169:
170: PROCEDURE PAGE_DE_GARDE;
171: begin
172:    efface_ecran; gotoxy(0,2);
173:    writeln('Akkadimpr -   Version du 15 janvier 1984'); writeln;
174:    writeln('Par Olivier ROUAULT'); writeln; writeln;
175:    writeln('Impression sur Centronics 739 en mode graphique');
176:    writeln('de fichiers format AKKAD, .PRE, .IND et .TRI');
177:    writeln('cr((s sous Akkad ou bien par Xxprepare, Xxindex et Xxtri');
178:    writeln;
179: end;
180: PROCEDURE PARAMETRES;
181: begin
182:    choix_fonte; charge_codes; choix_interligne;
183:    choix_margegauche; choix_passes; choix_display;
184: end;
185: procedure imprime; forward;
186: PROCEDURE CONTINUE;
187: begin
188:    ouinon('Voulez-vous imprimer un autre fichier (o/n)?',ctn);
189:    if ctn then begin ouinon('Changer les param0tres (o/n)?',chg); imprime; en
190: end;
191: PROCEDURE IMPRIME;
192: begin
193:    if chg then parametres; choix_fichier; initimpr;
194:    if typfich='1' then i_akkad;
195:    if typfich='2' then i_prepare;
196:    if typfich in ['3','4'] then i_ind_et_tri;
197:    modecar; close(papier); close(fichier,lock); close(fich,lock);
198: end;
199: PROCEDURE IMPRESSION;
200: begin
201:    chg:=true; page_de_garde; imprime; repeat continue until not ctn;
202: end;
203: BEGIN END.
```

2.5.5.2 Commentaire d'Akkadimpr

Les déclarations de constantes et de types correspondent principalement (ll.5-15) aux caractéristiques des fichiers qui ne sont pas déclarés dans Akkaddiv, c'est à dire des fichiers créés par les programmes de la série Xx, et à l'impression desquels l'Unité Akkadimpr est adaptée.

2.5.5.2.1 Procedures générales

Elles sont réparties en deux groupes, aux lignes 27-37 et 167-201. La seule qui soit déclarée en interface (l.19) est la procédure Impression (ll.198-201) qui appelle la procédure Imprime (ll.190-197) tant que l'utilisateur n'a pas manifesté sa volonté de cesser d'imprimer des fichiers en répondant "n" à la question posée dans la procédure Continue (l.187). La possibilité de modifier les paramètres d'impression est aussi donnée par cette procédure Continue (l.188), grâce à l'activation de la variable booléenne chg. Les procédures permettant de choisir les paramètres sont appelées par la procédure Parametres (ll.179-183).

La procédure Page_de_garde rappelle (ll.175 s.) que l'unité Akkadimpr permet d'imprimer non seulement des fichiers créés par le logiciel Akkad, mais aussi des fichiers issus du traitement par les programmes d'exploitation Xxprepare, Xxindex et Xxtri, reconnaissables grâce aux suffixes qui leur sont caractéristiques, ".pre", ".ind" et ".tri" (voir ci-dessus, paragr.2.3.1, 2.3.2 et 2.3.3).

Les procédures Cr, L_arriere, Modecar, Mi_l_avant, Mi_l_arriere et Modegraph (ll.29-34), servent respectivement à envoyer à l'imprimante les codes de retour-chariot, d'avancée d'une ligne entière, de sélection de mode "impression de caractères", d'avancée d'une demi-ligne, de recul d'une demi-ligne, et enfin de sélection de mode graphique. Elles utilisent les codes spécifiques de l'imprimante Centronics 739 (voir Operators Manual, édition de juin 1981, p.3-4, table 3-5).

La procédure Initimpr (l.35) ouvre l'imprimante – que le langage Pascal traite comme un fichier – et la prépare à recevoir les codes graphiques. Cr_et_mi_l (l.36) permet de retourner à gauche de la feuille et d'avancer d'une demi-ligne. Gauche (l.37) provoque un retour à gauche sans changement de ligne.

2.5.5.2.2 Choix et chargement de la fonte

Une des fontes créées par Akkadcreef (voir paragr.2.5.6) peut être chargée grâce à la procédure Charge_codes (ll.47-55), traitée contre l'erreur par Text_io d'Akkaddiv. Le nom du fichier contenant la fonte livrée avec cette première version du logiciel étant "Akkadcentr", nous avons jugé utile de le rappeler dans le message de la procédure Choix_fonte (l.44). Les 256 séries de codes (128 pour le haut des caractères et 128 pour le bas) sont stockées en mémoire centrale dans le tableau "codes" déclaré à la ligne 23.

2.5.5.2.3 Mise en page et options diverses

L'utilité et le fonctionnement de ces procédures ne nécessitent pas de commentaires. Quant à Choix_passes (ll.74-77), elle permet de faire repasser la tête d'impression autant de fois que l'on désire sur la même ligne, afin d'assurer un bon contraste même avec un ruban usé (cf. ll.119 et 121). La procédure Choix_fichier (ll.86-103) permet à l'utilisateur d'indiquer quel type de fichier il désire imprimer. La procédure ajoute le suffixe correspondant (ll.100-102).

2.5.5.2.4 Procédures d'impression

Les trois procédures I_akkad, I_prepare et I_ind_et_tri assurent l'accés aux fichiers à imprimer, selon le format indiqué par l'utilisateur en réponse à la question de Choix_fichier. Chacune de ces procédures utilise Envoie_ligne (11.116-123) qui gère l'impression en deux parties, haut et bas, et qui appelle Impr_ligne. Cette dernière traduit les codes ASCII de chaque lettre du texte en codes de la fonte choisie, puis les envoie vers l'imprimante afin de générer les graphismes correspondants.

2.5.6 Le programme Akkadcreef

2.5.6.1 Texte d'Akkadcreef

```
1: PROGRAM AKKADCREEF;
2: var fichier:text; i:integer; h,b:array[0..127] of string[6]; nom_fonte:string;
3: PROCEDURE CODES1;
4: begin
5: h[000]:=' _ ';  h[001]:='@404@ ';  h[002]:=' $$\ ';  h[003]:=' 4P$ ';
6: b[000]:=' _ ';  b[001]:='$ZZZ! ';  b[002]:='    ';  b[003]:='$$'$ ';
7:
8: h[004]:='@484 ';  h[005]:='8EFE( ';  h[006]:='0\0 ';  h[007]:='@0P@ ';
9: b[004]:=' ZZZ" ';  b[005]:='"$$$$ ';  b[006]:=' $44" ';  b[007]:=' !$"! ';
10:
11: h[008]:=',22, ';  h[009]:='T$$T ';  h[010]:='P$ T ';  h[011]:='@424@ ';
12: b[008]:='    ';  b[009]:='$$$$$ ';  b[010]:='$$$$$ ';  b[011]:='$$$$$ ';
13:
14: h[012]:='@424R ';  h[013]:='' ';  h[014]:='\D8 ';  h[015]:=' && ';
15: b[012]:='!xxx- ';  b[013]:='' ';  b[014]:='!/(( ';  b[015]:='$$ $$ ';
16:
17: h[016]:=''; h[017]:=',0@ ';  h[018]:='$$\$$ ';  h[019]:='@0@0 ';
18: b[016]:=''; b[017]:=' !& ';  b[018]:=' 7 ';  b[019]:=' 55Z ';
19:
20: h[020]:=' 444D ';  h[021]:='$4T$ ';  h[022]:=' \$$ ';  h[023]:='8DDD( ';
21: b[020]:='"ZZZ" ';  b[021]:='$$'$ ';  b[022]:='    ';  b[023]:='"44$$ ';
22:
23: h[024]:=' $8@ ';  h[025]:='@44D ';  h[026]:=' @8$ ';  h[027]:='\4$ ';
24: b[024]:=' $$ ';  b[025]:='$ZZZ! ';  b[026]:=' $$ ';  b[027]:=' "55( ';
25: end;
26: PROCEDURE CODES2;
27: begin
28: h[028]:=' 4R$ ';  h[029]:='P$"T ';  h[030]:='XX)x1 ';  h[031]:='H4H4H ';
29: b[028]:='$$'$ ';  b[029]:='$$$$$ ';  b[030]:='$$$Z$ ';  b[031]:='"Z"Z ';
30:
31: h[032]:='    ';  h[033]:=' \ ';  h[034]:=' << ';  h[035]:='0\0\0 ';
32: b[032]:='    ';  b[033]:=' ) ';  b[034]:='    ';  b[035]:='!'!'! ';
33:
34: h[036]:='8D^D( ';  h[037]:=',,@0( ';  h[038]:='\$DH ';  h[039]:=' 0($ ';
35: b[036]:='"$/$$ ';  b[037]:='"! && ';  b[038]:=' ?$ ! ';  b[039]:='    ';
36:
37: h[040]:=' P($ ';  h[041]:=' $(P ';  h[042]:='(PXP( ';  h[043]:='@0X@0 ';
38: b[040]:=' !"$ ';  b[041]:=' $"! ';  b[042]:='! ! ! ';  b[043]:=' $ ';
39:
40: h[044]:=' @@ ';  h[045]:='@@@@@ ';  h[046]:=' @@ ';  h[047]:=' @0, ';
41: b[044]:=' )" ';  b[045]:='    ';  b[046]:=' !! ';  b[047]:=' &! ';
42:
43: h[048]:='X$$X ';  h[049]:='($\ ';  h[050]:='($D4( ';  h[051]:='($DD8 ';
44: b[048]:='"$$$$ ';  b[049]:=' $"'$ ';  b[050]:='&Z$$$ ';  b[051]:='"$$$$ ';
45:
46: h[052]:='@PH\@ ';  h[053]:='<444D ';  h[054]:='PHDD$ ';  h[055]:=' $$D4, ';
47: b[052]:=' " ';  b[053]:='"$$$$ ';  b[054]:=' $$$$$ ';  b[055]:=' &! ';
48: end;
49: PROCEDURE CODES3;
50: begin
51: h[056]:='8DD08 ';  h[057]:='8DDDX ';  h[058]:=' 88 ';  h[059]:=' 88 ';
52: b[056]:='"$$$$$ ';  b[057]:='$$$"! ';  b[058]:=' $$ ';  b[059]:=' 0+'' ';
53:
54: h[060]:='@0($ ';  h[061]:='00000 ';  h[062]:=' $(0@ ';  h[063]:='8$$D8 ';
55: b[060]:=' !"$ ';  b[061]:='"""""" ';  b[062]:=' $"! ';  b[063]:=' + ';
56:
57: h[064]:=' 2480 ';  h[065]:='P($P ';  h[066]:='\DDD8 ';  h[067]:='X$$$( ';
58: b[064]:='"ZZZ" ';  b[065]:=''!!!'' ';  b[066]:=''$$$$ ';  b[067]:='$$$$" ';
59:
60: h[068]:='\$$(P ';  h[069]:='\DD$$ ';  h[070]:='\DD$$ ';  h[071]:='X$$$( ';
61: b[068]:=''$$"! ';  b[069]:=''$$$$ ';  b[070]:='''  ';  b[071]:='$$$Z$ ';
62:
63: h[072]:='\@@@\ ';  h[073]:='$$\$$ ';  h[074]:=' \ ';  h[075]:='\@0($ ';
64: b[072]:=''   '' ';  b[073]:='$$'$$ ';  b[074]:='$$$$$ ';  b[075]:='''!"$ ';
65:
66: h[076]:='\ ';  h[077]:='\(0(\ ';  h[078]:='\(0@\ ';  h[079]:='X$$$X ';
67: b[076]:='''$$$$ ';  b[077]:='''  '' ';  b[078]:='''  '' ';  b[079]:='$$$$$ ';
68:
69: h[080]:='\DDD8 ';  h[081]:='X$$$X ';  h[082]:='\DDD8 ';  h[083]:='8DDD( ';
70: b[080]:='''  ';  b[081]:='$$Z"Z ';  b[082]:='''  !"$ ';  b[083]:='"$$$$ ';
71: end;
72: PROCEDURE CODES4;
73: begin
74: h[084]:='$$\$$ ';  h[085]:='\ \ ';  h[086]:='\ \ ';  h[087]:='\ \ ';
75: b[084]:=' '' ';  b[085]:='$$$$$ ';  b[086]:='!"$"! ';  b[087]:='''!''"! ';
76:
77: h[088]:=',0@, ';  h[089]:=',0@, ';  h[090]:='$$D4, ';  h[091]:='\$$ ';
78: b[088]:='&! !& ';  b[089]:=' '' ';  b[090]:='&Z$$$ ';  b[091]:='''$$ ';
79:
80: h[092]:='@0@0@ ';  h[093]:=' $$\ ';  h[094]:='0(\(0 ';  h[095]:='    ';
81: b[092]:='$4K$ ';  b[093]:=' $$'' ';  b[094]:='   ';  b[095]:='000000 ';
82:
83: h[096]:=' $(0 ';  h[097]:=' 00@ ';  h[098]:='L00@ ';  h[099]:='@0@0@ ';
84: b[096]:='    ';  b[097]:='"ZZZ" ';  b[098]:='''$$$$ ';  b[099]:='$$$$ ';
85:
86: h[100]:='@00@L ';  h[101]:='@0@0@ ';  h[102]:='0X4$( ';  h[103]:='@00@P ';
87: b[100]:='$$$$'' ';  b[101]:='$ZZZ! ';  b[102]:='''  ';  b[103]:='!xxx- ';
88:
89: h[104]:='L00@ ';  h[105]:=' 0T ';  h[106]:=' T ';  h[107]:='\ @0 ';
90: b[104]:='''  '' ';  b[105]:='$$''$ ';  b[106]:='$((''' ';  b[107]:='''!"$$ ';
91:
92: h[108]:=' $\ ';  h[109]:='P0@0@ ';  h[110]:='P00@0 ';  h[111]:='@0@0@ ';
93: b[108]:='$''$ ';  b[109]:='''  '' ';  b[110]:='''  '' ';  b[111]:='$$$$$ ';
94: end;
95: PROCEDURE CODES5;
96: begin
97: h[112]:='P0@0@ ';  h[113]:='@000P ';  h[114]:='0P0@0 ';  h[115]:='@000 ';
98: b[112]:='?"""! ';  b[113]:='!"""? ';  b[114]:=' '' ';  b[115]:=' ZZZ" ';
99:
100: h[116]:='0\0 ';  h[117]:='P P ';  h[118]:='P P ';  h[119]:='P P ';
101: b[116]:=' $$$" ';  b[117]:='$$$$$ ';  b[118]:='!"$"! ';  b[119]:='$$$$$ ';
102:
103: h[120]:='@@ @@ ';  h[121]:='P P ';  h[122]:='000P0 ';  h[123]:='@0420 ';
104: b[120]:='$"!"$ ';  b[121]:='!ZZZ/ ';  b[122]:='$&Z$$ ';  b[123]:='$ZZZ! ';
105:
```

```
106: h[124]:='R$(P  ';   h[125]:='@240@ ';   h[126]:=' 424@ ';   h[127]:='@424@ ';
107: b[124]:='$$$$$ ';   b[125]:='$ZZZ! ';   b[126]:='"ZZZ" ';   b[127]:='$ZZZ! ';
108: end;
109:
110: PROCEDURE NOTICE;
111: begin
112:   writeln;
113:   writeln('AKKADCREEF - Version du 19 janvier 1984'); writeln;
114:   writeln('Par Olivier ROUAULT'); writeln;
115:   writeln('Diffusé par CARNES, UNDENA Publications, Malibu'); writeln;
116:   writeln;
117:   writeln('Programme pour créer ou modifier une fonte de caractères');
118:   writeln;
119:   writeln('pour le logiciel Akkad et l''imprimante Centronics 739');
120:   writeln; writeln;
121:   writeln('Pour modifier la fonte, charger le texte de ce programme');
122:   writeln('dans l''Editeur standard de l''Apple Pascal,');
123:   writeln('et remplacer les anciens codes par les nouveaux, puis recompiler.');
124:   writeln('Executer ensuite de nouveau le programme pour créer la fonte.');
125:   writeln;
126: end;
127: PROCEDURE CONVERSATION;
128: begin

129:   writeln('Si vous voulez créer la fonte telle qu''elle est actuellement,');
130:   write
131:   ('entrez le nom du fichier-fonte @ créer; sinon tapez esc return!');
132:   readln(nom_fonte);
133:   if nom_fonte[1]=chr(27) then
134:   begin
135:     writeln;
136:     writeln('Alors, sans doute @ tout @ l''heure!');  exit (program);
137:   end;
138:   writeln;
139: end;
140:       (*-----------programme principal------------*)
141:
142: begin
143:   write(chr(12));  notice;  conversation;
144:   writeln('Patience, je suis en train de créer la fonte ', nom_fonte,'!');
145:   codes1; codes2; codes3; codes4; codes5;
146:   rewrite(fichier,nom_fonte);
147:   for i:=0 to 127 do begin writeln(fichier,h[i]); end;
148:   for i:=0 to 127 do begin writeln(fichier,b[i]); end;
149:   close(fichier,lock);
150:   writeln;  writeln('C''est fait. Au revoir!');
151: end.
```

2.5.6.2 Commentaire d'Akkadcreef

Ce programme sert à créer une fonte de caractères pour l'imprimante Centronics 739. Les codes sont stockés dans deux tableaux de 128 chaines de 6 caractères chacune, déclarés ligne 3.

Pour comprendre les codes, on se reportera aux paragraphes 2.2.4.2 et 2.2.4.3 ci-dessus. Les indices des éléments de chaque tableau, entre crochets, correspondent aux codes ASCII des caractères, et les tableaux h et b contiennent respectivement les codes du haut et du bas des graphismes correspondant aux lettres à imprimer.

On pourra utiliser ce programme pour générer n'importe quelle fonte: après avoir déterminé les codes selon la méthode décrite aux paragraphes 2.2.4.2 et 2.2.4.3 ci-dessus, on chargera le texte du programme Akkadcreef dans l'éditeur standard du Pascal Apple, et on remplacera les codes anciens par les nouveaux. On prendra bien garde que toute apostrophe à l'intérieur d'une série de codes doit obligatoirement être redoublée: c'est une des contraintes du langage Pascal. Ainsi, pour obtenir l'envoi à l'imprimante de la série de codes £$'$$$$, on devra écrire en fait £$''$$$$ (rappelons que le signe £ et le dièze sont équivalents). Cette règle ne concerne évidemment pas les apostrophes qui servent à encadrer chaque série de codes, et elle est justement destinée à éviter la confusion entre ces deux usages différents de l'apostrophe.

2.5.7 Le programme Xxprepare

Pour une description générale du programme et de son rôle dans l'ensemble du système, voir ci-dessus paragr.2.3.1. Rappelons que ce programme est conçu pour traiter un fichier créé par le logiciel Akkad, et codé selon les principes indiqués au paragraphe 2.3.1 (cf. l'exemple de codage, paragr. 2.4.1)

2.5.7.1 Texte de Xxprepare

```
1:  (x$S+x)
2:  PROGRAM XXPREPARE;
3:  USES (x$U Akkaddiv.code x) Akkaddiv;
4:  const dl:=14 ;fs:=27 ;dz:=35 ;rf:=38 ;
5:        lg_ref_seq:=10; lg_ref_lig:=5; lg_l_trslit:=160;
6:  type ll_ligne=record
7:                      ref_seq:string[lg_ref_seq]; ref_lig: string[lg_ref_lig];
8:                      ltrslit:string[lg_l_trslit];
9:                end;
10:      lsortie= file of ll_ligne;
11: var rec_ligne: ll_ligne; fic_ligne: lsortie;
12:     mega_buffer,buf_trslit, buf_trscript:string[lg_l_trslit];
13:     buf, buf_ref_s, buf_ref_l, nom_fichier, nom_sortie, nom_format: string;
14:     num_drive, codes_select: string;
15:     rep, reponse: char;
16:     m,n,l,i_trl,i_trc,p,fin_mot,deb_mot,l_fs: integer;
17:     tilt_l, tilt_rf, tilt_dz, tilt_dl, tilt_fs, rfs, rfl: boolean;
18:     nouveau, debut, ouvert_sortie: boolean;
19:
20:  (x ============ PROCEDURES GENERALES - 1 - ============ x)
21:
22: PROCEDURE INIT;
23: begin
24:   p:=0;n:=0;l:=0;m:=0;rfs:=false; rfl:=false; ouvert_sortie:=false;
25: end;
26: PROCEDURE LIT_LIGNE;
27: begin
28:   n:=n+1; l:=1; ligne:=fichier^; mega_buffer:=ligne.lettres; get(fichier);
29: end;
30: PROCEDURE ERRF; begin bip; bip; stop; exit(program); end;
31: PROCEDURE ERREUR(num: integer);
32: begin
33:   case num of
34:     1:begin;bip;writeln('ERREUR 1: rf sans fs, l.',n);stop;end;
35:     2:begin;bip;writeln('ERREUR 2: # sans fs, l.',n);stop;end;
36:     3:begin writeln('ERREUR 3 (fatale): dl sans fs, l.',n); errf; end;
37:     4:begin writeln('ERREUR 4 (fatale): pas de ref. générale'); errf; end;
38:     5:begin writeln('ERREUR 5 (fatale): aucune ref. de ligne'); errf; end;
39:     6:begin writeln('ERREUR 6 (fatale): aucune séquence dl/fs'); errf; end;
40:     7:begin writeln('ERREUR 7 (fatale): ligne trop longue, l.',n); errf; end;
41:     8:begin writeln('ERREUR 8 (fatale): fs sans dl, l.',n);errf; end;
42:     9:begin writeln('ERREUR 9 (fatale): rf mal placé, l.',n);errf; end;
43:     10:begin writeln('ERREUR 10 (fatale): # mal placé, l.',n);errf; end;
44:     11:begin writeln('ERREUR 11 (fatale): dl sans #/fs, l.',n);errf; end;
45:     12:begin writeln('ERREUR 12 (fatale): fs mal placé, l.',n);errf; end;
46:     13:begin writeln('ERREUR 13 (fatale): rf attendu, l.',n,' ou avant');
47:               errf; end;
48:   end;
49: end;
50: procedure algo; forward;
51:
52:  (x ============ TESTS DE PRESENCE DE CODE ============ x)
53:
54: PROCEDURE TEST_FIN; var buff: string;
55: begin
56:   buff:=' ';
57:   if l<length(mega_buffer) then
58:   begin
59:     buff:=copy(mega_buffer,l,2);
60:     if buf[1]='/' then begin if buff='/x' then exit(algo); end;
61:   end;
62: end;
63: PROCEDURE TEST_RF; (x sur la ligne courante x)
64: begin
65:   tilt_rf:=false;
66:   repeat
67:     buf:=copy(mega_buffer,l,1); test_fin; l:=l+1;
68:     if (buf[1]=chr(fs))or(buf[1]=chr(dz))or(buf[1]=chr(dl)) then erreur(13);
69:   until (l=length(mega_buffer)) or (buf[1]=chr(rf));
70:   if buf[1]=chr(rf) then tilt_rf:=true;
71: end;
72: PROCEDURE TEST_FS; (x sur la ligne courante x)
73: begin
74:   tilt_fs:=false;
75:   repeat
76:     buf:=copy(mega_buffer,l,1); test_fin; l:=l+1;
77:     if (buf[1]=chr(dl)) or (buf[1]=chr(dz)) or (buf[1]=chr(rf)) then erreur
78:   until (l=length(mega_buffer)) or (buf[1]=chr(fs));
79:   if buf[1]=chr(fs) then begin tilt_fs:=true; l_fs:=l-2; end;
80: end;
81: PROCEDURE TEST_DL;
82: begin
83:   tilt_dl:=false;
84:   repeat
85:     buf:=copy(mega_buffer,l,1); test_fin; l:=l+1;
86:     if buf[1]=chr(fs) then erreur(8); if buf[1]=chr(rf) then erreur(9);
87:     if buf[1]=chr(dz) then erreur(10);
88:   until (l=length(mega_buffer)) or (buf[1]=chr(dl));
89:   if buf[1]=chr(dl) then tilt_dl:=true;
90: end;
91: PROCEDURE TEST_DZ;
92: begin
93:   tilt_dz:=false;
94:   repeat
95:     buf:=copy(mega_buffer,l,1); test_fin; l:=l+1;
96:     if buf[1]=chr(dl) then erreur(11); if buf[1]=chr(fs) then erreur(12);
97:   until (l=length(mega_buffer)) or (buf[1]=chr(dz)) or (buf[1]=chr(rf));
98:   if buf[1]=chr(rf) then begin nouveau:=true; l:=l-1; end;
99:   if buf[1]=chr(dz) then tilt_dz:=true;
100: end;
101:
102:  (x ============ PROCEDURES DE RECHERCHE DE CODES ============ x)
103:
104: PROCEDURE CHRC_RF_S;(x NB: la ref doit etre sur une seule ligne x)
105:                     (x NB: longueur par defaut: 10 x)
106: var l_init: integer;
107: begin
108:   l_init:=l; test_rf;
109:   if tilt_rf then
110:   begin
111:     l_init:=l; test_fs;
112:     if not tilt_fs then begin erreur(1); l_fs:=l_init+10; end else rfs:=tru
113:     buf_ref_s:=copy(mega_buffer,l_init,l_fs-l_init+1);
114:     if l=length(mega_buffer) then lit_ligne;
115:   end;
116: end;
117: PROCEDURE CHRC_RF_L;(x NB: la ref doit etre sur une seule ligne x)
118:                     (x NB: longueur par defaut: 5 x)
119: var l_init: integer;
120: begin
121:   l_init:=l; test_dz;
122:   if tilt_dz then
123:   begin
124:     l_init:=l; test_fs;
125:     if not tilt_fs then begin erreur(2); l_fs:=l_init+5; end else rfl:=true;
126:     buf_ref_l:=copy(mega_buffer,l_init,l_fs-l_init+1);
127:     if l=length(mega_buffer) then lit_ligne;
128:   end;
129: end;
130: PROCEDURE CHRC_DLFS; (x cherche sur plusieurs lignes x)
131: var l_init: integer; bout_ligne: string;
132: begin
133:   l_init:=l; buf_trslit:=''; test_dl;
134:   if not tilt_dl then repeat lit_ligne; test_dl; until tilt_dl;
135:   l_init:=l; test_fs;
136:   if not tilt_fs then
137:   begin
138:     buf_trslit:=copy(mega_buffer,l_init,length(mega_buffer)-l_init+1);
139:     repeat
140:       lit_ligne; l_init:=l; test_fs;
141:       if not tilt_fs then
```

```
142:      begin
143:        if length(buf_trslit)+length(mega_buffer)>lg_l_trslit then erreur(7);
144:        buf_trslit:=concat(buf_trslit,mega_buffer);
145:      end
146:      else
147:      begin
148:        bout_ligne:=copy(mega_buffer,1,l_fs);
149:        if length(buf_trslit)+length(bout_ligne)>lg_l_trslit then erreur(7);
150:        buf_trslit:=concat(buf_trslit,bout_ligne);
151:        if l=length(mega_buffer) then lit_ligne;
152:      end;
153:    until tilt_fs;
154:   end
155:   else
156:   begin
157:     buf_trslit:=copy(mega_buffer,l_init,l_fs-l_init+1);
158:     if l=length(mega_buffer) then lit_ligne;
159:   end;
160: end;
161: procedure display_ligne; forward;
162: procedure stocke_ligne; forward;
163:
164: (x =========== ALGORITHME DE COMPILATION ============ x)
165:
166: PROCEDURE ALGO;
167: begin
168:   repeat
169:     if debut or nouveau then
170:     begin
171:       chrc_rf_s;
172:       if not tilt_rf then repeat lit_ligne; chrc_rf_s; until tilt_rf;
173:       if (eof(fichier)) and (not rfs) then erreur(4);
174:       debut:=false; nouveau:=false;
175:     end;
176:     chrc_rf_l;
177:     if (not tilt_dz) and (not nouveau) then
178:     repeat
179:       lit_ligne; chrc_rf_l;
180:     until tilt_dz;
181:     if (eof(fichier)) and (not rfl) then erreur(5);
182:     if not nouveau then
183:     begin
184:       chrc_dlfs;
185:       if not tilt_dl then repeat lit_ligne; chrc_dlfs; until tilt_dl;
186:       display_ligne; stocke_ligne;
187:     end;
188:   until eof(fichier) and (l=length(mega_buffer));
189:   close(fic_ligne,lock);
190: end;
191:
192: (x =========== PROCEDURES GENERALES - 2 - ============ x)
193:
194: PROCEDURE DISPLAY_LIGNE; var buf: string; i: integer;
195: begin
196:   p:=p+1;write('p:',p);
197:   write(' [');  lecture(buf_ref_s,0); write('] ');
198:   write(' [');  lecture(buf_ref_l,0); write('] ');
199:   write(' [');
200:   for i:=1 to length(buf_trslit) do   (x lecture ne marche que jusqu'@ 80 car x)
201:   begin
202:     buf:=copy(buf_trslit,i,1); lecture(buf,0);
203:   end;
204:   write('] ');writeln;
205: end;

206: PROCEDURE STOCKE_LIGNE;
207: begin
208:   if not ouvert_sortie then
209:   begin
210:     rewrite(fic_ligne,nom_sortie); ouvert_sortie:=true;
211:   end;
212:   with rec_ligne do
213:   begin
214:     ref_seq:=buf_ref_s; ref_lig:=buf_ref_l; ltrslit:=buf_trslit;
215:     fic_ligne^:=rec_ligne; put(fic_ligne);
216:   end;
217: end;
218: PROCEDURE RELECTURE; var i: integer;
219: begin
220:   bip;bip;
221:   write('Le traitement est fini. Voulez-vous relire le fichier cr(( (o/n)?');
222:   readln(reponse);
223:   if reponse in ['O','o'] then
224:   begin
225:     close(fic_ligne,lock); reset(fic_ligne,nom_sortie);
226:     with rec_ligne do
227:     begin
228:       p:=1;
229:       while not eof(fic_ligne) do
230:       begin
231:         rec_ligne:=fic_ligne^; write(p:3,':');
232:         write('[');lecture(ref_seq,0);write('] ');
233:         write('[');lecture(ref_lig,0);write('] [');
234:         for i:=1 to length(ltrslit) do  (xlecture ne marche que jusq. 80 c.x)
235:         begin
236:           buf:=copy(ltrslit,i,1); lecture(buf,0);
237:         end;
238:         writeln(']'); p:=p+1; get(fic_ligne);
239:       end;
240:     end;
241:     close(fic_ligne,lock);
242:   end;
243: end;
244: PROCEDURE PAGE_DE_GARDE;
245: begin;
246:   write(chr(12));
247:   writeln('        XXPREPARE  -  Version du 15 F(vrier 1984'); writeln;
248:   writeln('         O.ROUAULT  et  C.A.R.N.E.S'); writeln; writeln;
249:   writeln('Test de la syntaxe du codage de type AKKAD et confection sur');
250:   writeln('         disque d''un fichier des lignes'); writeln; writeln;
251: end;
252: PROCEDURE CONVERSATION; var i: integer;
253: begin
254:   write('Nom du fichier @ traiter: ');readln(nom_fichier);
255:   repeat
256:     nom_sortie:='';
257:     writeln('Le nom du fichier de sortie doit avoir 9 car. max.');
258:     writeln('sans compter le suff. ''.pre'' ajout( automatiquement');
259:     write('Nom du fichier de sortie: '); readln(nom_sortie);
260:     if length(nom_sortie)>9 then
261:       begin bip;bip; write('Trop long. Pas plus de 9 car.'); end;
262:   until length(nom_sortie)<=9;
263:   if nom_sortie='$' then nom_sortie:=nom_fichier;
264:   nom_sortie:=concat(nom_sortie,'.pre');
265:   write('   ''escape'' pour sortir, ''return'' pour continuer');
266:   read(keyboard,reponse);if reponse=chr(27) then exit(program);
267: end;
268: (x =========== LE PROGRAMME PRINCIPAL ============ x)
269: begin
270:   page_de_garde;conversation;page_de_garde; init; debut:=true; nouveau:=false;
271:   reset(fichier, nom_fichier); n:=0; lit_ligne; algo;
272:   close(fichier,lock); close(fic_ligne, lock); relecture; bip;
273: end.
```

2.5.7.2 Commentaire de Xxprepare

2.5.7.2.1 Programme principal et format des fichiers

Le programme principal (11.268 ss.) appelle les procédures les plus générales, initialise quelques variables, ouvre et ferme le fichier à traiter (format défini dans Akkaddiv) et le fichier de sortie. Ce dernier est déclaré à la ligne 11 sous le nom de "fic_ligne" et son type est défini aux lignes 6-10: il s'agit d'un fichier composé d'enregistrements (type "record" du Pascal) comportant chacun trois champs qui serviront à noter la référence du texte ou de la séquence (ref_seq), la référence de la ligne (ref_lig), et la ligne de texte en translitération (ltrslit). Les longueurs des champs sont déclarées comme constantes (11.4-5). Toute modification, par l'utilisateur, de ces constantes devra être répercutée dans les programmes et unités utilisant ou manipulant des fichiers créés par Xxprepare (Akkadimpr et Xxindex en particulier).

2.5.7.2.2 Procédures générales

Réparties en deux ensembles, aux lignes 22 ss. et 192 ss., ces procédures assurent des tâches aussi variées que l'initialisation de variables (Init, 11.22 ss.), la lecture de la ligne de texte sur le fichier d'entrée déjà ouvert (Lit_ligne, 11.26 ss.), la sortie du programme en cas d'erreur fatale (Errf, 1.30), l'affichage des messages d'erreur (Erreur, 11.31 ss.), l'affichage des trois champs de chaque enregistrement créé par le programme (Display_ligne, 11.194 ss.) et leur stockage dans le fichier de sortie (Stocke_ligne, 11.206 ss.), l'affichage de la page de garde du programme (Page_de_garde, 11.244 ss.), l'affichage des questions posées à l'utilisateur et l'enregistrement de ses réponses (Conversation, 11.252 ss.), et enfin la relecture éventuelle du fichier créé, si le traitement a pu aller à son terme (Relecture, 11.218 ss.).

On notera que la ligne créée par Xxprepare, peut provenir de la concaténation de plusieurs lignes de 80 caractères du fichier initial. Elle peut donc elle-même dépasser cette longueur et, si elle est limitée à 160 caractères pour cette version du programme (constante lg_l_trslit, 1.5), on pourrait sans inconvénient la porter jusqu'à 255, à condition de modifier ce paramètre dans tous les programmes susceptibles de lire ou manipuler un fichier créé par Xxprépare (en particulier Akkadimpr et Xxindex).

La procédure Lecture d'Akkaddiv (voir paragr.2.5.2.2.3) n'étant prévue que pour lire et afficher à l'écran des lignes dont la longueur correspond à la valeur de la constante "long_ligne", soit 80 pour la présente version du logiciel, il a fallu l'adapter à la lecture de lignes plus longues, en la faisant lire lettre à lettre (voir 11.200-203 et 234-237).

La procédure Relecture pourra facilement être modifiée par l'utilisateur - et même servir d'embryon à un programme autonome - pour afficher les résultats du traitement selon toutes les "mises en écran" imaginables.

2.5.7.2.3 Tests de présence de code

Ces procédures (11.52-100) permettent de tester la présence des codes "/*" (Test_fin), "rf" (Test_rf), "fs" (Test_fs), "dl" (Test_dl), et enfin le signe dièze (Test_dz). Elles contiennent aussi des tests d'erreurs spécifiques (11.68, 77, 85 s. et 96). Lorsque le code a été trouvé et que les tests d'erreur sont restés négatifs, une variable booléenne (tilt_rf, tilt_fs, tilt_dl et tilt_dz) est rendue vraie et sert de résultat du test.

2.5.7.2.4 Procédures de recherche de séquences

Les procédures chargées de reconnaître les séquences à ventiler dans chaque champ de chaque enregistrement utilisent les tests de présence de code commentés ci-dessus. Elles assurent en outre l'extraction des séquences ainsi reconnues: la référence du texte (Chrc_rf_s) et de la ligne (Chrc_rf_l), et la ligne de texte elle-même (Chrc_dlfs). Cette dernière pouvant être répartie sur plusieurs lignes du fichier initial, c'est cette même procédure Chrc_dlfs qui, après avoir reconnu le début de la séquence ("dl"), assure le stockage intermédiaire des lignes ou fragments de lignes, puis leur éventuelle concaténation en une seule chaine jusqu'à la rencontre du code de fin de séquence ("fs"): voir ll.136-153.

2.5.7.2.5 L'algorithme de compilation

La partie centrale du traitement est constituée par la procédure Algo . Les variables booléennes "debut" et "nouveau" permettent de varier le traitement en fonction de la situation dans la structure du texte: "debut" est vraie si on se trouve au début du fichier à traiter. La variable "nouveau" est vraie lorsque la prochaine séquence signifiante attendue est une référence de texte ou de séquence, marquée par le code "rf" (cf. 1.98).

Si on attend en principe une référence de texte ("debut" ou "nouveau" vraies) la procédure Chrc_rf_s cherche le code "rf". Le fichier est lu jusqu'à ce que le code soit trouvé (variable "tilt_rf" vraie, cf. ll.70 et 172). Si on arrive à la fin du fichier sans avoir trouvé de référence, le message d'erreur numéro 4 est affiché (ll.173 et 37), et l'utilisateur doit corriger son fichier en conséquence avant de recommencer le traitement. Si, par contre, une référence a été rencontrée, le traitement va continuer par la recherche d'une référence de ligne (procédure Chrc_rf_l). Le fichier est ainsi testé tant que le code de référence de ligne (dièze) n'est pas trouvé. Si on arrive à la fin du fichier sans qu'aucune référence de ligne n'ait été trouvée, le message d'erreur numéro 5 est affiché (ll.181 et 38).

Enfin, on isole et reconstitue la ligne de texte en appelant la procédure Chrc_dlfs jusqu'à la rencontre d'un code de fin de séquence (ll.182-187). La ligne est ensuite affichée et stockée dans le fichier (l.186).

2.5.8 Le programme Xxindex

Pour une description générale de ce programme et de sa fonction dans le système, voir ci-dessus, paragr.2.3.2. On notera que le programme Xxindex utilise l'unité Xxtrans (voir paragr.2.5.9) et que c'est dans cette unité que sont définies la plupart des variables. C'est pour cette raison que la partie déclaration de Xxindex est particulièrement courte (ll.5 s.).

2.5.8.1 Texte de Xxindex

```
1: (x$S++x)
2: PROGRAM XXINDEX;
3: USES (x$U Akkaddiv.code x) Akkaddiv,
4:     (x$U XXtrans.code x) XXtrans;
5: var cds0, cds1, cds2: boolean;
6:     codes1_select, codes2_select: string;
7:
8: (x ============ PROCEDURES GENERALES - 1 - ============ x)
9:

10: PROCEDURE LIT_ENTREE;
11: begin
12:   with rec_ligne do
13:   begin
14:     n:=n+1; l:=1; rec_ligne:=entree^;
15:     buf_ref_s:=ref_seq; buf_ref_l:=ref_lig; buf_trslit:=ltrslit;
16:     get(entree);
17:   end;
18: end;
```

```
19: PROCEDURE STOCKE;
20: begin
21:   if not ouvert_sortie then
22:   begin
23:     rewrite(sortie,nom_sortie); ouvert_sortie:=true;
24:   end;
25:   with rec_mot do
26:   begin
27:     ref_seq:=buf_ref_s; ref_lig:=buf_ref_l;
28:     trslit:=mot_trslit; trscript:=mot_trscript;
29:     sortie^:=rec_mot; put(sortie);
30:   end;
31: end;
32:
33: (x ==== TRAITEMENT POUR EDITION DE LA TRANSLITERATION ==== x)
34:
35: PROCEDURE DETERM_TRSLIT; var op1,op2:boolean;det,tiret:string;j:integer;
36: begin
37:   for j:=1 to (length(mot_trslit)-1) do
38:   begin
39:     tiret:='-';det:='';op1:=false;op2:=false; buff:=copy((mot_trslit),j,2);
40:     if buff='1=' then begin det:='(I)'; op1:=true; end;
41:     if buff='d=' then begin det:='(d)'; op1:=true; end;
42:     if buff='f=' then begin det:='(s.)'; op1:=true; end;
43:     if buff='1_' then begin det:=''; op2:=true; end;
44:     if buff='d_' then begin det:=''; op2:=true; end;
45:     if buff='f_' then begin det:=''; op2:=true; end;
46:     if buff='g=' then begin det:=''; op2:=true; end;
47:     if buff='g_' then begin det:=''; op2:=true; end; ,
48:     if buff='' then buff:=' '; if buff[1]='+' then
49:       begin delete(mot_trslit,j,1); insert(tiret,mot_trslit,j); end;
50:     if op1 or op2 then
51:     begin
52:       delete(mot_trslit,j,2); if op1 then insert(det,mot_trslit,j);
53:       j:=j+(length(det)-length(buff));
54:     end;
55:   end;
56: end;
57: (x ==== RECHERCHE DE CODES DE SELECTION ET TRAITEMENT ==== x)
58:
59: PROCEDURE TRAITE_MOT; (x traite mot_trslit et met dans mot_trscript x)
60: var codes1,codes2:string;
61: begin
62:   codes1:='    []<>!?';codes1[1]:=chr(24);codes1[2]:=chr(26);
63:                        codes1[3]:=chr(22);codes1[4]:=chr(2);
64:   codes2:='-234567890';
65:   mot_trscript:=mot_trslit;
66:   enleve1(codes1); if dic_oui then echange;
67:   if trsc_oui then
68:   begin
69:     enleve2; enleve1(codes2); voyelles; iaya;
70:     if dic_oui then echange (xdefectifsx);
71:   end;
72:   plusmoins; determ_trslit;
73:   write('MOT trait( ',m,': ');lecture(mot_trscript,0);
74:   write('    '); lecture(mot_trslit,1);
75:   stocke;
76: end;
77: PROCEDURE PREND_MOT; (x met le mot dans mot_trslit x)
78: var r: integer; blanc: char; bl: boolean;
79: begin
80:   blanc:=' '; buff:='!'; bl:=false; r:=deb_mot;
81:   repeat
82:     buff:=copy(buf_trslit,r,1);
83:     if buff[1]=blanc then bl:=true; r:=r+1;
84:   until (r=length(buf_trslit)) or (bl);
85:   if not bl then fin_mot:=length(buf_trslit) else fin_mot:=r-2;
86:   mot_trslit:=copy(buf_trslit,deb_mot,fin_mot-deb_mot+1);
87:   m:=m+1;write('MOT pris  ',m,': ');lecture(mot_trslit,1);
88: end;
89: PROCEDURE SELECT2_ET_TRAITE;
90:   (x select codes de type '1=1_q_' ,ds codes2_select, et traite x)
91: var q: integer;buff_cible: string;
92: begin
93:   for i_trl:=1 to length(buf_trslit)-1 do
94:   begin
```

```
95:     buff:=copy(buf_trslit,i_trl,2);
96:     for q:=1 to length(codes2_select) do
97:     begin
98:       buff_cible:=copy(codes2_select,q,2);
99:       if buff=buff_cible then
100:      begin
101:        deb_mot:=i_trl+2; prend_mot; traite_mot;
102:      end;
103:      q:=q+1;
104:    end;
105:   end;
106: end;
107: PROCEDURE SELECT1_ET_TRAITE;        (x select codes sur un espace et traite
108: var q: integer;buff_cible: string;
109: begin
110:   for i_trl:=1 to length(buf_trslit) do
111:   begin
112:     buff:=copy(buf_trslit,i_trl,1);
113:     for q:=1 to length(codes1_select) do
114:     begin
115:       buff_cible:=copy(codes1_select,q,1);
116:       if buff=buff_cible then
117:       begin
118:         deb_mot:=i_trl+1; prend_mot; traite_mot;
119:       end;
120:       q:=q+1;
121:     end;
122:   end;
123: end;
124: PROCEDURE SELECT0_ET_TRAITE;        (x prend tous les mots x)
125: begin
126:   deb_mot:=1; prend_mot; traite_mot; (x prend le premier mot x)
127:   for i_trl:=1 to length(buf_trslit) do
128:   begin
129:     buff:=copy(buf_trslit,i_trl,1);
130:     if buff=' ' then begin deb_mot:=i_trl+1; prend_mot; traite_mot; end;
131:   end;
132: end;
133:
134: (x ============ PROCEDURES GENERALES - 2 - ============ x)
135:
136: PROCEDURE RELECTURE;
137: begin
138:   bip;bip;
139:   write('Le traitement est fini. Voulez-vous relire le fichier cr(( (o/n)?
140:   readln(reponse);
141:   if reponse in ['O','o'] then
142:   begin
143:     close(sortie,lock); reset(sortie,nom_sortie);
144:     with rec_mot do
145:     begin
146:       p:=1;
147:       while not eof(sortie) do
148:       begin
149:         rec_mot:=sortie^; write(p:3,':');
150:         lecture(trscript,0);write('  ');
151:         lecture(refseq,0);write(', l,');
152:         lecture(ref_lig,0);write(' : ');
153:         lecture(trslit,1);
154:         p:=p+1; get(sortie);
155:       end;
156:     end;
157:     close(sortie, lock);
158:   end;
159: end;
160: PROCEDURE PAGE_DE_GARDE;
161: begin
162:   write(chr(12));
163:   writeln('XXINDEX  -  Version du 15 f(vrier 1984'); writeln; writeln;
164:   writeln('Par Olivier ROUAULT'); writeln;
165:   writeln('Diffus( par CARNES (Undena Publications, Malibu)'); writeln;
166:   writeln('Confection automatique d''un index de mots');
167:   writeln('avec possibilit( de transcription automatique');
168:   writeln('@ partir de textes trait(s par le programme XXPREPARE');
169:   writeln; writeln;
170: end;
```

```
171: PROCEDURE MODE_SELECT; var lgcodes: char;           204:     readln(nom_sortie);
172: begin                                               205:     if length(nom_sortie)>9 then begin bip;bip;write('Trop long'); end;
173:   cds0:=false; cds1:=false; cds2:=false;            206:     if nom_sortie='$' then nom_sortie:=nom_entree;
174:   repeat                                            207:   until length(nom_sortie)<=9;
175:     write                                           208:   nom_entree:=concat(nom_entree,'.pre');
176:       ('Prendre (T)ous mots, ou cod<s par (1) car. ou par (2) car. (T/1/2): ');  209:   nom_sortie:=concat(nom_sortie,'.ind');
177:     readln(lgcodes);                                210:   mode_select;
178:     case lgcodes of 'T','t': cds0:=true;            211:   dic_oui:=false; trsc_oui:=false;
179:                     '1': cds1:=true;                212:   ouinon('Transcription automatique (o/n)? ',trsc_oui);
180:                     '2': cds2:=true;                213:   if trsc_oui then ouinon('Existe-t-il un dictionnaire (o/n)? ',dic_oui);
181:     end;                                            214:   if dic_oui then
182:   until lgcodes in ['T','t','1','2'];               215:   begin
183:   if cds1 then                                      216:     write('Nom du fichier-dictionnaire: ');readln(nom_dict);
184:   repeat                                            217:   end;
185:     write('Caract>res de selection: '); readln(codes1_select);  218:   write('''escape'': sortir du programme, ''return'': continuer');
186:     write('Vous voulez s<lectionner d''apr>s: ''',codes1_select,'''');  219:   readln(reponse);if reponse=chr(27) then exit(program);
187:     ouinon('C''est d''accord (o/n)? ',oui);        220:   writeln; writeln;
188:   until oui;                                        221: end;
189:   if cds2 then                                      222: (x ============= LE PROGRAMME PRINCIPAL ============= x)
190:   repeat                                            223: begin
191:     write('Codes de s<lection (exemple : ''1_1=f_f=g_g=d_d='')!');  224:   page_de_garde; conversation; page_de_garde; init;
192:     readln(codes2_select);                          225:   if dic_oui then init_echange; debut:=true; nouveau:=false;
193:     write('Vous voulez s<lectionner d''apr>s: '); writeln(codes2_select);  226:   reset(entree, nom_entree); n:=0;
194:     ouinon('C''est d''accord (o/n)? ',oui);        227:   while not eof(entree) do
195:   until oui;                                        228:   begin
196: end;                                                229:     lit_entree;
197: PROCEDURE CONVERSATION; var i: integer;             230:     if cds0 then select0_et_traite;
198: begin                                               231:     if cds1 then select1_et_traite;
199:   write('Nom du fichier @ traiter (sans le suff. ".pre") : ');  232:     if cds2 then select2_et_traite;
200:   readln(nom_entree);                               233:   end;
201:   repeat                                            234:   close(entree,lock); close(sortie, lock); relecture;
202:     nom_sortie:=''; write('Nom du fichier sortie');  235: end.
203:     writeln(' (9 car. max. ss compter ".ind" ajout< automatiquement) :');
```

2.5.8.2 Commentaire de Xxindex

2.5.8.2.1 Programme principal et procédures générales

Après avoir appelé les procédures d'affichage de la page de garde du programme
(Page_de_garde, l.225 et ll.161 ss.) et la procédure Conversation (l.225 et ll.198 ss.),
permettant l'entrée des choix de l'utilisateur, le programme principal (ll.225 ss.) ouvre
le fichier à traiter, en lit une ligne (Lit_entree, l.230 et ll.10 ss.), et appelle, en
fonction des choix, les diverses procédures de traitement. Lorsque celui-ci est terminé,
les fichiers ancien et nouveau sont refermés, et la possibilité de relire le fichier obtenu
est offerte par Relecture (l.235 et ll.137 ss.).

2.5.8.2.2 Traitement pour édition de la translitération

Ce programme doit permettre d'éditer l'index obtenu sous forme d'une liste
d'enregistrements comportant chacun trois champs contenant respectivement le mot
éventuellement transcrit (si l'utilisateur a choisi l'option de transcription automatique),
la référence et la translitération. La translitération originelle, nous l'avons vu,
s'éloigne parfois des règles traditionnelles pour supprimer toute ambiguïté, et il a fallu
enregistrer certains types de déterminatifs sous une forme codée inhabituelle. La prodédure
Determ_trslit supprime les codes insérés dans le texte et remet les déterminatifs codés sous
une forme traditionnelle. Ainsi, "1=" sera transformé en "(I)", "d=" en "(d)", "1_" sera
simplement supprimé, etc. (voir ll.41 ss.). Une petite partie seulement des codes et des
déterminatifs est traitée aux lignes 41-48 mais l'utilisateur pourra ajouter lui-même les
correspondances adaptées aux autres déterminatifs ou codes qu'il utilise. Ainsi, s'il a
choisi de faire précéder les noms de mois du code "m_", il devra ajouter une ligne rédigée
ainsi: "if buff='m_' then begin det:=''; op2:=true; end;". Les booléens "op1" et "op2"
permettent au programme de savoir s'il doit simplement supprimer le code ("op2") ou le

transformer ("op1"): voir 11.51-53. Si la liste de codes devient trop longue, on devra segmenter la procédure Determ_trslit en deux, ou même - solution envisagée pour une version ultérieure de ce logiciel - créer un fichier annexe des transformations de codes et déterminatifs, sur le modèle du dictionnaire utilisé pour la traduction automatique des sumérogrammes. Il est évident que toutes ces opérations ne modifient en rien le fichier initial et ne portent que sur les éléments destinés au fichier de sortie.

2.5.8.2.3 Recherche de codes et traitement

Selon l'option choisie (traitement de tous les mots, ou seulement des mots codés par une lettre ou par deux lettres), le programme utilisera une des trois procédures Select0/1/2_et_traite (11.90-133). Chacune de ces procédures teste la ligne à la recherche d'un code valable (pour Select0_et_traite, les "codes valables" sont en fait les blancs entre mots, ainsi que les débuts et fins de lignes), puis, lorsque le code est rencontré, cette procédure appelle, depuis les lignes 102, 119, 127 et 131, les procédures Prend_mot (11.78 ss.) et Traite_mot (11.60 ss.) qui effectuent respectivement l'extraction du mot dans la chaine, puis le traitement de ce mot à l'aide de toute une série d'autres procédures contenues dans l'unité XXtrans (voir ci-dessous, paragr.2.5.9), telles que Enleve1 (11.67 et 70), Enleve2 (1.70), Echange (11.67 et 71), Voyelle et Iaya (1.70), ainsi que Plusmoins (1.73). Lorsque le traitement est fini, la procédure Traite_mot affiche le résultat (11.74 s.) puis le stocke dans le fichier de sortie (procédure Stocke, 1.76 et 11.19 ss.). C'est donc la procédure Traite_mot qui contient l'essentiel de l'algorithme de transcription automatique. L'étude, ci-dessous, des procédures de l'unité Xxtrans permettra d'en comprendre la logique.

2.5.9 L'unité Xxtrans

Tandis que le programme Xxindex contenait essentiellement l'algorithme principal du traitement, l'unité Xxtrans regroupe les déclarations définissant le format des fichiers d'entrée et de sortie, et les procédures conçues pour un traitement spécifique.

2.5.9.1 Texte de Xxtrans

```
1: (x$S+x)
2: UNIT XXTRANS;
3: INTERFACE
4: USES (x$U Akkaddiv.code x) Akkaddiv;
5: const d1=14 ;f1=27 ;dz=35 ;rf=38 ;
6:     lg_ref_seq=10;lg_ref_lig=5;   lg_trslit=35;
7:     lg_trscrp=20; lg_l_trslit=160;
8: type tt_mot=record
9:         ref_seq:string[lg_ref_seq]; ref_lig:string[lg_ref_lig];
10:        trslit:string[lg_trslit];   trscript:string[lg_trscrp];
11:        end;
12:    tsortie=file of tt_mot;
13:    ll_ligne=record
14:        ref_seq:string[lg_ref_seq]; ref_lig:string[lg_ref_lig];
15:        ltrslit:string[lg_l_trslit];
16:        end;
17:    lentree=file of ll_ligne;
18: var rec_mot: tt_mot;    sortie: tsortie;
19:    rec_ligne: ll_ligne; entree: lentree;
20:    rec_dict: ttligne; fich_dict: ttexte; (x format Akkaddiv x)
21:    smrgtab: array[1..10] of string[82];
22:    mot_trslit, mot_trscript:   string;
23:    buf_trslit, buf_trscript:string[lg_l_trslit];
24:    buff, buf, buf_ref_s, buf_ref_l, nom_entree, nom_sortie, nom_dict: string;
25:    n: integer;      (x reserve au compte des lignes du fichier a traiter x)
26:    m: integer;      (x reserve au compte des lignes du fichier sortie x)
27:    l: integer;      (x reserve au compte des lettres dans la ligne x)
28:    i_trl: integer;  (x reserve au compte des lettres dans le translit(ration x)
29:    i_trc: integer;  (x reserve au compte des lettres dans le transcription x)
30:    i_mot: integer;  (x reserve au compte des lettres dans un mot x)
31:    p: integer;      (x reserve au compte des chaines selectionnees x)
32:    tilt_1, dic_oui, trsc_oui, oui: boolean;
33:    mencentr, nouveau, debut, ouvert_sortie: boolean;
34:    rep: char;
35:    nb_tab_smrg, fin_mot, deb_mot, l_fl:integer;
36:    reponse:char;  num_drive,codes_select: string;
37:    buf_s1,buf_s2,dieze: string; pos_dieze:integer; ech: boolean;
38: PROCEDURE INIT;               PROCEDURE ENLEVE1(VAR CODES1: STRING);
39: PROCEDURE PLUSMOINS;          PROCEDURE ENLEVE2;
40: PROCEDURE IAYA;               PROCEDURE VOYELLES;
41: PROCEDURE ECHG_DISQUE;        PROCEDURE ECHG_TABLEAU;
42: PROCEDURE ECHANGE;            PROCEDURE INIT_ECHANGE;
43:
44: IMPLEMENTATION
45:
46: (x ============= PROCEDURE GENERALE ============= x)
47:
48: PROCEDURE INIT;
49: begin
50:     dieze:='#';p:=0;n:=0;l:=0;m:=0;
51:     close (fich_dict,lock);ouvert_sortie:=false;
52: end;
53:
54: (x ============= TRANSCRIPTION PAR NETTOYAGE ============= x)
55:
56: PROCEDURE ENLEVE1;
57: var j,c:integer;buf_codes:string;
58: begin
```

```
59:    for j:=1 to length(mot_trscript) do
60:    begin
61:      buff:=copy(mot_trscript,j,1);
62:      for c:=1 to length(codes1) do
63:      begin
64:        buf_codes:=copy(codes1,c,1);
65:        if buff=buf_codes then begin delete(mot_trscript,j,1); j:=j-1; end;
66:      end;
67:    end;
68: end;
69: PROCEDURE PLUSMOINS;
70: var j:integer;plus,moins:string;
71: begin
72:    plus:='+';moins:='-';
73:    for j:=1 to length(mot_trscript) do
74:    begin
75:      buff:=copy(mot_trscript,j,1); if buff=plus then mot_trscript[j]:=moins[1];
76:    end;
77: end;
78: PROCEDURE ENLEVE2;
79: var j,c:integer;buf_codes,codes:string;
80: begin
81:    codes:='1=1_f=f_g=g_d=d_';
82:    for j:=1 to length(mot_trscript)-1 do
83:    begin
84:      buff:=copy(mot_trscript,j,2);
85:      for c:=1 to length(codes) do
86:      begin
87:        buf_codes:=copy(codes,c,2);
88:        if buff=buf_codes then begin delete(mot_trscript,j,2); j:=j-2; end;
89:        c:=c+1;
90:      end;
91:    end;
92: end;
93: PROCEDURE IAYA;
94: var ia,ya:string;
95: begin
96:    ia:='ia'; ya:='y';
97:    if copy(mot_trscript,1,2)=ia then mot_trscript[1]:=ya[1];
98: end;
99: PROCEDURE VOYELLES;
100: var j,c:integer;buf_codes,codes,quote:string;
101: begin
102:    codes:='aaeeiiuuaeai';quote:='a''';
103:    for j:=1 to length(mot_trscript)-1 do
104:    begin
105:      buff:=copy(mot_trscript,j,2);
106:      for c:=1 to length(codes) do
107:      begin
108:        buf_codes:=copy(codes,c,2);
109:        if buff=buf_codes then
110:        begin
111:          delete(mot_trscript,j,1); j:=j-1;
112:          if (buff='ae') or (buff='ai') then
113:          begin
114:            insert(quote,mot_trscript,j+1);j:=j+3;
115:          end;
116:        end;
117:        c:=c+1;
118:      end;
119:    end;
120: end;
```

```
122: (x ============= TRANSCRIPTION PAR ECHANGE ============= x)
123:
124: PROCEDURE ECHG_DISQUE;
125: var j:integer;
126: begin
127:    ech:=false;
128:    close(fich_dict,lock);reset(fich_dict,'nom_dict');
129:    for j:=1 to length(mot_trscript) do
130:    begin
131:      repeat
132:        rec_dict:=fich_dict^;
133:        pos_dieze:=pos(dieze,rec_dict.lettres);
134:        buf_s1:=copy(rec_dict.lettres,1,pos_dieze-1);
135:        buff:=copy(mot_trscript,j,length(buf_s1));
136:        if buff=buf_s1 then
137:        begin
138:          ech:=true; delete(mot_trscript,j,length(buf_s1));
139:          buf_s2:=
140:          copy(rec_dict.lettres,pos_dieze+1,length(rec_dict.lettres)-1-pos_dieze);
141:          insert(buf_s2,mot_trscript,j); j:=j-(length(buf_s1)-length(buf_s2));
142:        end;
143:        get(fich_dict);
144:      until eof(fich_dict) or (ech);
145:    end;
146: end;
147: PROCEDURE ECHG_TABLEAU;
148: var enr,j:integer;
149: begin
150:    ech:=false;
151:    for j:=1 to length(mot_trscript) do
152:    begin
153:      enr:=0;
154:      repeat
155:        enr:=enr+1;
156:        pos_dieze:=pos(dieze,smrgtab[enr]);
157:        buf_s1:=copy(smrgtab[enr],1,pos_dieze-1);
158:        buff:=copy(mot_trscript,j,length(buf_s1));
159:        if buff=buf_s1 then
160:        begin
161:          ech:=true; delete(mot_trscript,j,length(buf_s1));
162:          buf_s2:=
163:          copy(smrgtab[enr],pos_dieze+1,length(smrgtab[enr])-1-pos_dieze);
164:          insert(buf_s2,mot_trscript,j); j:=j-(length(buf_s1)-length(buf_s2));
165:        end;
166:      until (enr=nb_tab_smrg) or (ech);
167:    end;
168: end;
169: PROCEDURE ECHANGE; begin if memcentr then echg_tableau else echg_disque; end;
170: PROCEDURE INIT_ECHANGE; var enr: integer;
171: begin
172:    reset(fich_dict,nom_dict); enr:=0;
173:    while not eof(fich_dict) do begin enr:=enr+1; get (fich_dict); end;
174:    close(fich_dict,lock);
175:    if enr<100 then memcentr:=true else memcentr:=false;
176:    if memcentr then
177:    begin
178:      reset(fich_dict,nom_dict); enr:=0;
179:      while not eof(fich_dict) do
180:      begin
181:        enr:=enr+1; rec_dict:=fich_dict^; smrgtab[enr]:=rec_dict.lettres;
182:        get(fich_dict);
183:      end;
184:      close(fich_dict,lock); nb_tab_smrg:=enr;
185:    end;
186: end;
187: BEGIN END.
```

2.5.9.2 Commentaire de Xxtrans

2.5.9.2.1 Constantes, types et variables

Les constantes affectent les numéros ASCII aux codes correspondants (1.5), et permettent de fixer la longueur des champs du fichier de sortie (1.6 et cf. 11.8 s.). La plupart de ces constantes étaient déjà utilisées par le programme Xxprepare (voir paragr.2.5.7.1, 11.4 s.), et on peut modifier facilement le format des fichiers d'entrée et de sortie en les changeant. Mais il faudra alors faire les mêmes modifications dans les programmes en amont (Xxprepare) et en aval (Xxtri) et ne traiter que des fichiers correspondant à ces formats. Une version ultérieure de ce logiciel proposera un programme permettant de modifier facilement le format de fichiers déjà existants.

Les types définis ici concernent surtout les fichiers d'entrée et de sortie qui seront des fichiers d'enregistrements ("records"): pour l'entrée, on reprend le même format que celui des fichiers créés par Xxprépare (11.13-16 et cf. paragr.2.5.7.1, 11.6-9) et comportant trois champs devant recevoir respectivement la référence de séquence (ref_seq), la référence de ligne (ref_lig), et la ligne en translitération (ltrslit). Les enregistrements ainsi définis servent ensuite (1.17) à définir le type du fichier d'entrée (lentree).

Quant aux enregistrements destinés à la sortie, ils sont définis de la même façon, mais ils comporteront quatre champs et non trois, pour recevoir respectivement la référence de séquence (ref_seq), la référence de ligne (ref_lig), la chaine en translitération (trslit) et la chaine en transcription (trscript). C'est à partir du type de ce format d'enregistrement qu'est défini le fichier de sortie (tsortie, 1.12). On remarquera que le champ destiné à la translitération est beaucoup plus long (160 espaces) dans le fichier d'entrée que dans le fichier de sortie (35 espaces). En effet, alors que le premier devait recevoir toute la ligne de texte, le second n'aura à manipuler qu'un mot extrait de cette ligne.

Les variables utilisent les types ainsi définis (11.18 s.), mais aussi, pour le fichier-dictionnaire, les types ttligne et ttexte qui étaient définis dans Akkaddiv et qui correspondent au format utilisé par l'éditeur du logiciel Akkad. On pourra ainsi créer et manipuler le fichier correspondant directement dans cet éditeur. La fonction des autres variables apparaît clairement à la lecture des différentes procédures de Xxtrans.

2.5.9.2.2 Procédure générale

L'unique procédure générale d'Xxtrans est consacrée à l'initialisation de quelques variables et à la fermeture du fichier-dictionnaire. Cette dernière précaution est utile au cas où le fichier serait resté ouvert à la suite d'un traitement précédent ayant échoué ou ayant été volontairement interrompu par l'utilisateur en pressant la séquence de touches contrôle-reset.

2.5.9.2.3 Procédures de transcription par nettoyage

Enleve1 (11.38 et 56 ss.) demande pour paramètre une variable contenant une chaine de caractères représentant tous les caractères qui étaient nécessaires dans la translitération et qui devront dispataître de la transcription, comme les crochets, le point d'exclamation ou d'interrogation, le tiret ou les chiffres accolés aux signes. Pour comprendre comment utiliser cette procédure, voir ci-dessus, paragr.2.5.8.1, 11.67 et 63 s., ainsi que 11.70 et 65. Les caractères à enlever doivent donc être donnés dans le programme Xxindex, et l'utilisateur devra, s'il le désire, en modifier la liste aux lignes 63-65.

Enleve2 (11.39 et 78 ss.) remplit une fonction du même genre, mais portant sur deux caractères à la fois. Cette procédure est particulièrement destinée à assurer la suppression des codes spéciaux ajoutés dans le texte pour permettre au programme Xxindex de reconnaître éventuellement les chaines à extraire. Ce sont les codes du genre "1_", "1=", etc. La liste en est donnée dans cette procédure Enleve2, à la ligne 81. L'utilisateur peut la modifier facilement selon les codes qu'il a utilisés dans le texte à traiter.

Plusmoins (ll.39 et 69 ss.) transforme en tiret le signe "+" de la translitération. Sur cette convention, voir ci-dessus, paragr.2.3.2. Quant à la procédure Iaya, elle assure la transformation de la syllabe "ia" en "ya", lorsqu'elle se présente en début de mot. Ainsi, "iasmah-addu" sera transformé automatiquement en "yasmah-addu". L'utilisateur pourra facilement remplacer ici le "y" par un "j", si cela correspond mieux à ses habitudes de transcription, en écrivant, à la ligne 96, "ya:='j'" au lieu de "ya:='y'", mais sans changer le nom de la variable.

Enfin, la procédure Voyelles (ll.40 et 99 ss.) traite les rencontres de voyelles provoquées par la suppression des tirets de la translitération. Ainsi, le nom propre "ba-aq-qum", transformé en "baaqqum", deviendra "baqqum" grâce à cette procédure. Par ailleurs, les séquences "ai" et "ae" seront transformées en "a'i" et "a'e" (ll.112-115).

2.5.9.2.4 Procédures de transcription par échange

Lorsque la transcription par nettoyage est inadéquate, et lorsqu'il est impossible de réutiliser pour la transcription l'essentiel des lettres de la translitération, il faut faire appel à l'échange pur et simple du mot translitéré par son correspondant trancrit. Pour cela, il est nécessaire de créer un fichier-dictionnaire (voir paragr.2.4.3). Chaque fois qu'un mot sera traité, le programme ira voir s'il se trouve dans ce fichier et, s'il l'y trouve, il l'échangera par le mot correspondant. C'est la meilleure solution pour traiter les sumérogrammes, les graphies défectives, etc. Le format de ce fichier étant le même que celui des fichiers de type Akkad, on pourra facilement le créer et le modifier grâce à l'éditeur du logiciel.

La procédure Init_echange (ll.42 et 170 ss.) commence par ouvrir le fichier et le lire pour voir si le traitement peut se faire en mémoire centrale (moins de 100 enregistrements) ou s'il faudra travailler sur disque, en "accès direct". Selon le cas, la variable booléenne memcentr est mise à vrai ou à faux. Si le traitement doit se dérouler en mémoire centrale, le fichier y est immédiatement chargé (ll.176-185). C'est ensuite la procédure Echange (l.169) qui effectuera l'aiguillage vers le traitement adéquat en fonction de l'état de la variable memcentr. Les deux procédures Echg_tableau et Echg_disque assurent respectivement les deux types de traitement. Leurs algorithmes sont identiques; seul le support du fichier change.

On notera que les procédures Init_echange et Echange ne s'appellent pas mutuellement. Elles doivent être appelées séparément par le programme utilisateur. Pour un exemple d'utilisation d'Init_echange, voir paragr.2.5.8.1, l.226, et pour Echange, ll.67 et 71.

2.5.10 Le programme Xxtri

2.5.10.1 Texte de Xxtri

```
1: PROGRAM XXTRI; (X Tri pour fichier traite par Xxindex X)
2: uses (X$U Akkaddiv.code X) Akkaddiv;
3: const max_mots=150;
4:      lg_ref_seq=10; lg_ref_lig=5; lg_trslit=35; lg_trscript=35;
5:
6: type tt_mot=record
7:           ref_seq:string[lg_ref_seq]; ref_lig:string[lg_ref_lig];
8:           trslit:string[lg_trslit];   trscript:string[lg_trscript]
9:           end;
10: lfichier=file of tt_mot; t_mots=0..max_mots;
11:     tab_ref_seq= array[t_mots] of string[lg_ref_seq];
12:     tab_ref_lig= array[t_mots] of string[lg_ref_lig];
13:     tab_trslit = array[t_mots] of string[lg_trslit];
14:     tab_trscript=array[t_mots] of string[lg_trscript];
15:     strcript=string[lg_trscript];
16: var rec_mot:tt_mot; fich,sort:lfichier;
17:     tab_rs: tab_ref_seq; tab_rl: tab_ref_lig;
18:     tab_tl: tab_trslit; tab_tc: tab_trscript;
19:     nb,i,v,w,k:integer;
20:     ecart,n,j :integer; (X reserves pour operations de tri X)
21:     tmpon,mot1,mot2,nom_sort: string;
22:     mot:strcript;
23:     ret_enr1,ret_enr2: tt_mot;
24:     prs,comp,surplace, min, ech: boolean;
25:
```

```
 26:  (x ============= PROCEDURES GENERALES - 1 - ============= x)
 27:
 28:  PROCEDURE CREE_SORTIE;
 29:  begin
 30:    reset(fich, nom_fich);k:=1; rewrite(sort, nom_sort);
 31:    while not eof(fich) do
 32:    begin
 33:      rec_mot:=fich^; sort^:=rec_mot; put(sort); k:=k+1; get(fich);
 34:    end;
 35:    nb:=k-1; close(fich, lock); close(sort, lock);
 36:    bip;writeln;writeln;
 37:    writeln('                ',nb,' enregistrements a trier.');
 38:  end;
 39:  PROCEDURE RELIREDISQUE; var i:integer; ok:boolean;
 40:  begin
 41:    i:=0;bip;bip;writeln;writeln;
 42:    ouinon('                Voulez-vous lire le fichier tri( o/n) ? ',ok);
 43:    if ok then
 44:    begin
 45:      reset(sort,nom_sort);
 46:      with rec_mot do
 47:      begin
 48:        while not eof(sort) do
 49:        begin
 50:          i:=i+1; rec_mot:=sort^;
 51:          write(i:3);write(':');lecture(trscript,0);write(' : ');
 52:          lecture(ref_seq,0);write(', l,');lecture(ref_lig,0);
 53:          write(' : '); lecture(trslit,1);
 54:          get(sort);
 55:        end;
 56:      end;
 57:    end;
 58:  end;
 59:  PROCEDURE CHARGE;
 60:  begin
 61:    reset(fich, nom_fich);k:=1;
 62:    with rec_mot do
 63:    begin
 64:      while (not eof(fich)) and (k<max_mots) do
 65:      begin
 66:        rec_mot:=fich^;
 67:        if trscript<>'' then
 68:        begin
 69:          tab_rs[k]:=ref_seq; tab_rl[k]:=ref_lig;
 70:          tab_tl[k]:=trslit;  tab_tc[k]:=trscript;
 71:          k:=k+1;
 72:        end;
 73:        get(fich);
 74:      end;
 75:    end;
 76:    nb:=k-1; close(fich, lock);
 77:  end;
 78:
 79:  (x ================ FILTRES ================ x)
 80:
 81:  PROCEDURE FILTRE2;
 82:  begin
 83:    w:=0;
 84:    if v=39 then w:=1;                          (x apostrophe x)
 85:    if v in[65,97,20,126,64] then w:=2;         (x A, a et a accentues x)
 86:    if v in[66,98] then w:=3;                    (x B, b x)
 87:    if v in[67,99,92] then w:=4;                 (x C, c et c c(dille x)
 88:    if v in[68,100] then w:=5;                   (x D, d x)
 89:    if v in[69,101,1,25,127,123,125] then w:=6;  (x D, d et e accentues x)
 90:    if v in[70,102] then w:=7;                   (x F, f x)
 91:    if v in[71,103,12,30] then w:=8;             (x G, G, g tilde et G tilde x)
 92:    if v in[72,104] then w:=9;                   (x H, h x)
 93:    if v in[73,105,3,21,28] then w:=10;          (x I, i et i accentu(s x)
 94:    if v in[74,106] then w:=11;                  (x J, j x)
 95:    if v in[75,107] then w:=12;                  (x K, k x)
 96:    if v in[76,108] then w:=13;                  (x L, l x)
 97:    if v in[77,109] then w:=14;                  (x M, m x)
 98:    if v in[78,110] then w:=15;                  (x N, n x)
 99:    if v in[79,111,11] then w:=16;               (x O, o x)
100:    if v in[80,112] then w:=17;                  (x P, p x)
101:    if v in[81,113] then w:=18;                  (x Q, q x)
102:    if v in[82,114] then w:=19;                  (x R, r x)
103:    if v in[83,115] then w:=20;                  (x S, s x)
104:    if v in[23,19] then w:=21;                   (x S pointe, s pointe x)
105:    if v in[5,4]   then w:=22;                   (x Shin maj,, Shin min x)
106:    if v in[84,116] then w:=23;                  (x T, t x)
107:    if v in[18,6] then w:=24;                    (x T pointe, t pointe x)
108:    if v in[85,117,10,9,29,124] then w:=25;      (x U, u et u accentues x)
109:    if v in[86..90] then w:=v-60;                (x majuscules de V a Z x)
110:    if v in[118..122] then w:=v-92;              (x minuscules de v a z x)
111:    if v in[48..57] then w:=v-17;                (x chiffres de 0 a 9 x)
112:  end;
113:  PROCEDURE FILTRE;
114:  begin
115:    if v in[0,2,7,8,13..17,22,24,26,27,31..38,40..47,58..63,91,93..96] then
116:      prs:=false else begin prs:=true; filtre2; end;
117:  end;
118:  PROCEDURE TRANS(var mot:strcript);
119:  var k,p:integer;tamp:string;
120:  begin
121:    tampon:='';
122:    for k:=1 to length(mot) do
123:    begin
124:      tamp:=copy(mot,k,1);v:=ord(tamp[1]);filtre;
125:      if prs then begin tamp[1]:=chr(w);tampon:=concat(tampon,tamp); end;
126:    end;
127:  end;
128:
129:  (x ============= ALGORITHME DE TRI ============= x)
130:
131:  PROCEDURE ECHANGE;
132:  var   ret_rs:string[lg_ref_seq]; ret_rl:string[lg_ref_lig];
133:        ret_tl:string[lg_trslit];  ret_tc:string[lg_trscript];
134:  begin
135:    if min then
136:    begin
137:      ret_rs:=tab_rs[n];tab_rs[n]:=tab_rs[n+ecart];tab_rs[n+ecart]:=ret_rs;
138:      ret_rl:=tab_rl[n];tab_rl[n]:=tab_rl[n+ecart];tab_rl[n+ecart]:=ret_rl;
139:      ret_tl:=tab_tl[n];tab_tl[n]:=tab_tl[n+ecart];tab_tl[n+ecart]:=ret_tl;
140:      ret_tc:=tab_tc[n];tab_tc[n]:=tab_tc[n+ecart];tab_tc[n+ecart]:=ret_tc;
141:    end
142:    else
143:    begin
144:      seek(sort,n);get(sort);ret_enr1:=sort^;
145:      seek(sort,n+ecart);get(sort);ret_enr2:=sort^;
146:      seek(sort,n+ecart);sort^:=ret_enr1; put(sort);
147:      seek(sort,n);sort^:=ret_enr2; put(sort);
148:    end;
149:    ech:=true; write('.');
150:  end;
151:  PROCEDURE TRI_TABLEAU; (x tri shell sur transcript en mem. centrale x)
152:  begin
153:    ecart:=nb;
154:    repeat
155:      ecart:=ecart div 2;
156:      repeat
157:        ech:=false;
158:        for n:=1 to nb-ecart do
159:        begin
160:          trans(tab_tc[n]);mot1:=tampon; trans(tab_tc[n+ecart]);mot2:=tampon;
161:          if mot1>mot2 then echange;
162:        end;
163:      until not ech;
164:    until ecart=1;
165:  end;
166:  PROCEDURE TRI_DISQUE;
167:  begin
168:    reset(sort,nom_sort);
169:    with rec_mot do
170:    begin
171:      ecart:=nb;
172:      repeat
173:        ecart:=ecart div 2;
174:        repeat
175:          ech:=false;
176:          for n:=0 to nb-ecart-1 do
177:          begin
178:            seek(sort,n); get(sort); rec_mot:=sort^;
179:            trans(trscript); mot1:=tampon;
```

```
180:        seek(sort,n+ecart); get(sort); rec_mot:=sort^;
181:        trans(trscript); mot2:=tmpon;
182:        if mot1>mot2 then echange;
183:      end;
184:    until not ech;
185:    until ecart=1;
186:  end;
187:  close(sort,lock);
188: end;
189: PROCEDURE TRI; begin if min then tri_tableau else tri_disque; end;
190:
191: (* ============= PROCEDURES GENERALES - 2 - ============= *)
192:
193: PROCEDURE RELIRETAB; var i:integer; ok:boolean;
194: begin
195:  bip;bip;writeln;writeln;
196:  ouinon('             Voulez-vous lire le fichier trié (o/n) ? ', ok);
197:  if ok then
198:  begin
199:    for i:=1 to nb do
200:    begin
201:      write(i:3,':'); lecture(tab_tc[i],0); write(' : '); lecture(tab_rs[i],0);
202:      write(',',1,''); lecture(tab_rl[i],0); write(' : '); lecture(tab_tl[i],1);
203:    end;
204:  end;
205: end;
206: PROCEDURE RECOPIER;
207: begin
208:  if nom_sort<>'' then
209:  begin
210:    rewrite(sort,nom_sort);
211:    with rec_mot do
212:    begin
213:      for k:=1 to nb do
214:      begin
215:        ref_seq:=tab_rs[k]; ref_lig:=tab_rl[k];
216:        trslit:=tab_tl[k];  trscript:=tab_tc[k];
217:        sort^:=rec_mot;
218:        put(sort);
219:      end;
220:    end;
221:  end;
222:  close(sort,lock);
223: end;

224: PROCEDURE PAGE_DE_GARDE;
225: begin
226:  write(chr(12));
227:  writeln('XXTRI  -  Version du 15 décembre 1983'); writeln;
228:  writeln('Par Olivier ROUAULT'); writeln;
229:  writeln
230:  ('Tri, d''après la transcript., sur fichier traité par le prog. XXINDEX');
231:  writeln;
232: end;
233: PROCEDURE CONVERSATION; var s_ind,s_tri: string; rep:char;
234: begin
235:  s_ind:='.ind'; s_tri:='.tri'; nom_sort:='';
236:  write('Nom du fichier de type ".ind" à trier : '); readln(nom_fich);
237:  if copy(nom_fich,length(nom_fich)-5,5)<>s_ind
238:     then nom_fich:=concat(nom_fich,s_ind);
239:  ouinon('Le fichier à trier contient-il moins de 150 enr.(o/n) ?',min);
240:  if not min then ouinon('Tri du fichier sur place (o/n) ?', surplace);
241:  if surplace then nom_sort:=nom_fich
242:  else
243:  begin
244:    writeln('Le nom du fichier de sortie doit avoir 9 car. maximum');
245:    writeln('sans compter le suff. ".tri" ajouté automatiquement');
246:    write('Nom du fichier de sortie: ');readln(nom_sort);
247:    if nom_sort='$' then nom_sort:=copy(nom_fich,1,length(nom_fich)-4);
248:    if copy(nom_sort,length(nom_sort)-4,4)<>s_tri
249:       then nom_sort:=concat(nom_sort,s_tri);
250:  end;
251: end;
252:
253: (* ============= PROGRAMME PRINCIPAL ============= *)
254:
255: begin
256:  page_de_garde;conversation; page_de_garde;
257:  if min then charge else cree_sortie;
258:  bip;bip;writeln;
259:  writeln('          Patience, je trie "',nom_fich,'"!');
260:  tri;
261:  if min then begin reliretab; recopier; end else reliredisque;
262: end.
```

2.5.10.2 Commentaire de Xxtri

2.5.10.2.1 Programme principal et procédures générales

Le programme principal (11.255-262) contient l'algorithme le plus général, à l'exclusion de l'algorithme de tri lui-même qui se trouve au niveau des procédures. Aprés avoir appelé la procédure Page_de_garde (11.256 et 224 ss.), le programme principal appelle la procédure intéractive Conversation (11.256 et 233 ss.) qui donne à l'utilisateur la possibilité d'entrer les noms du fichier à trier et du fichier de sortie trié. Comme dans les autres programmes de la série Xx, il est possible de donner au fichier de sortie le même nom que celui du fichier d'entrée, en répondant à la question simplement par le signe "$". Toute confusion entre fichier d'entrée et fichier de sortie sera évitée par l'adjonction automatique du suffixe ".tri" par le programme lui-même.

En son état actuel, le programme Xxtri est conçu pour traiter uniquement des fichiers issus de Xxindex et dont le nom est donc suivi du suffixe ".ind", mais l'utilisateur n'est pas obligé de spécifier le suffixe dans sa réponse (1.236); le programme l'ajoutera lui-même si nécessaire (11.237 ss.).

La réponse à la question concernant le nombre d'enregistrements (plus ou moins de 150, l.239) permettra de choisir entre le tri en mémoire centrale et le tri en accès direct sur le disque ou la disquette. La procédure utilisée pour poser cette question est définie dans l'unité Akkaddiv (voir paragr.2.5.2.2.2), et la variable booléenne min sera activée en fonction de la réponse de l'utilisateur. La question suivante (l.240) permet de choisir, pour un fichier d'au moins 150 enregistrements, entre le tri avec création d'un fichier de sortie ou le tri sur place du fichier d'entrée , sans création de fichier de sortie. Cette dernière permet d'économiser la place sur le disque, avantage très intéressant lorsque l'on traite de gros fichiers. Mais on notera que, dans ce cas, le fichier à trier sera perdu et remplacé purement et simplement par le fichier trié. Il sera donc prudent de faire une copie avant tout traitement de ce genre.

Prenons l'exemple d'un fichier que nous appellerons "essai.ind". S'il comporte moins de 150 enregistrements ou si on a refusé l'option "tri sur place", il sera conservé et Xxtri créera un nouveau fichier trié dont le nom sera suivi du suffixe ".tri". Par contre, si le fichier à trier comporte 150 enregistrement ou plus et si on a choisi l'option "tri sur place", le fichier "essai.ind" sera traité directement et, même une fois trié, il s'appellera toujours "essai.ind". L'utilisateur pourra alors, s'il le désire, en changer lui-même le nom grâce au Filer du système standard du Pascal Apple (fonction Change, voir OSRM pp.45 s.).

Après avoir rappelé la page de garde, le programme, selon la taille du fichier à traiter indiquée par l'état de la variable booléenne min (l.257 et cf. l.239), appelle soit Charge, soit Cree_sortie. La procédure Charge (ll.59 ss.) est destinée, comme son nom l'indique, à effectuer le chargement en mémoire centrale du fichier d'entrée. C'est en effet là que les données seront triées, avant d'être stockées dans le fichier de sortie.

Quant à la procédure Cree_sortie, elle effectue une recopie du fichier d'entrée sur disque, sur laquelle sera réalisé le tri en accès direct. Si l'utilisateur a choisi le tri sur place sans création d'un fichier de sortie, la procédure provoque une recopie du fichier d'entrée dans lui-même et, au bout du compte, il reste inchangé. Si nous appliquons cette procédure dans les deux cas (avec ou sans fichier de sortie), c'est parce qu'elle sert aussi à compter le nombre d'enregistrements à trier (variables k et nb) et à en informer l'utilisateur (l.37).

Après l'affichage d'un message incitant l'utilisateur à patienter (l.259) le programme principal appelle la procédure Tri qui commande l'algorithme de tri, et que nous commenterons plus bas. Lorsque le traitement est terminé, on a la possibilité de relire à l'écran le fichier trié, grâce aux procédures Reliretab (ll.261 et 193 ss.) pour un fichier de moins de 150 enregistrements, et Reliredisque (ll.261 et 39 ss.) pour un fichier plus gros. Dans le cas d'un fichier de moins de 150 enregistrements, le traitement et la relecture ayant été effectués en mémoire centrale, c'est la procédure Recopier (ll.261 et 206 ss.) qui sera chargée d'assurer cette sauvegarde.

Notons que l'utilisateur doit lui-même assurer et contrôler la gestion de l'espace disponible sur la mémoire périphérique (disques ou disquettes) à l'aide du Filer du système standard du Pascal Apple; un manque de place peut faire échouer le traitement lors de la recopie du fichier d'entrée par la procédure Charge ou lors de la recopie du fichier de sortie par la procédure Recopier. Il s'agit d'un inconvénient mineur puisque, dans le cas d'un gros fichier et donc d'un tri long, la coupure du programme se situera avant que le tri ne soit commencé, laissant à l'utilisateur la possibilité de réorganiser ses fichiers et de ménager la place nécessaire avant de rappeler Xxtri.

2.5.10.2.2 Le filtre

Le tri est fondé sur la comparaison entre la valeur ou le poids de chaque mot ou chaine de caractères, calculé à partir des codes ASCII. Ainsi le poids de "a" (ASCII 97) est moindre que celui de "b" (ASCII 98), et le poids de "ae" (ASCII 97 et ASCII 101) est moindre que celui de "bc" (ASCII 98 et ASCII 99). On notera qu'il ne s'agit pas d'une simple addition des valeurs des codes, la position de la lettre dans la chaine entrant en compte dans la détermination du poids de cette chaine. Ce type de comparaison entre chaines fonctionne de la même façon en Basic qu'en Pascal et, d'un usage pratiquement universel en informatique, il est implanté sur tous les systèmes.

Le tri ne pose donc aucun problème lorsque l'ordre souhaité est l'ordre standard des lettres de l'alphabet qui correspond à l'ordre normal des codes ASCII, et lorsque l'on désire que le tri prenne en compte non seulement toutes les lettres et tous les chiffres, mais aussi tous les autres signes (ponctuation, crochets, et même l'espace). C'est d'un type de tri tout différent que nous avons besoin. Nous avons du en effet insérer dans l'alphabet de nouvelles lettres et en supprimer d'autres, bouleversant l'ordre normal. Ainsi, pour ne prendre que l'exemple des majuscules, nous avons créé un signe shin que nous avons logé sur le code 5, un T pointé sur le 18, un S pointé sur le 23 et un G tilde sur le 30 (voir la liste complète des codes ci-dessous). En outre, il n'est pas souhaitable que notre tri prenne en compte des signes comme les tirets, les crochets, etc. Il est donc nécessaire d'établir un nouvel ensemble de codes affectés à chaque caractère - différents des ASCII par leur valeur et leur ordre - et qui donnera aux chaines à comparer le poids correspondant à l'ordre de notre "alphabet" et non plus à l'ordre de l'alphabet standard. C'est le filtre qui assure la correspondance et l'échange entre ces deux ensembles de codes.

Le filtre est à deux niveaux, le premier assurant l'exclusion des signes qui ne doivent pas être pris en compte (procédure Filtre, 11.113 ss., et activation de la variable booléenne prs), et le second assurant l'échange des codes pour les caractères à prendre en compte (procédure Filtre2, 11.81 ss.). L'algorithme du filtre est contrôlé par la procédure Trans (11.118 ss.) qui demande pour paramètre une variable contenant le mot à filtrer, dont il envoie séparément chaque lettre dans le filtre. On crée ainsi un mot fictif, dont la seule utilité est d'avoir le poids adéquat pour notre tri, et qui sera stocké dans la variable tmpon en attendant d'être transféré dans les variables mot1 et mot2 des procédures de tri (voir 11.160, 179 et 181).

Chaque utilisateur, à condition d'en avoir bien compris le principe, peut facilement composer le filtre correspondant au type de tri qu'il désire réaliser: il suffit d'établir les listes parallèles des codes standard et des codes réordonnés en fonction du nouvel alphabet et d'organiser les échanges entre les deux listes par une série d'instruction du type "if v = x then w:=y", x et y désignant respectivement un code standard et un code de la liste réordonnée, tandis que v et w sont les variables contenant ces valeurs, déclarées à la ligne 19 du programme. Nous avons écrit la procédure Filtre de façon très extensive et claire pour permettre de la réutiliser comme canevas, afin de créer d'autres filtres.

Le tableau ci-dessous donne la liste des signes avec leur code ASCII et, en regard, la transformation qui en est faite pour assurer un tri adéquat. L'alphabet correspondant est le suivant: apostrophe, a (et tous les a accentués), b, c (et c cédille), d, e (et tous les e accentués), f, g (et les g tilde), h, i (et tous les i accentués), j, k, l, m, n, o, p, q, r, s, s pointé, shin, t, t pointé, u (et tous les u accentués), v, w, x, y, z, 0, 1, 2, 3, 4, 5, 6, 7, 8, 9. Majuscules et minuscules sont considérées comme identiques, ainsi que les lettres accentuées et non accentuées. Enfin, tous les signes autres que chiffres, lettres et l'apostrophe sont exclus du tri. Cet alphabet est conçu pour convenir aussi bien au tri de textes akkadiens et sumériens en translitération ou en transcription qu'au tri de textes en français, avec tous les caractères accentués.

ASCII	signe	ordre pour le tri
0	trait vertical	pas pris
1	e tréma	6 (pris pour e)
2	demi crochet fermant	pas pris
3	i tréma	10 (pris pour i)
4	shin minuscule	22
5	shin majuscule	22
6	t pointé minuscule	24
7	oeil	pas pris
8	petit rond supérieur	pas pris
9	u accent plat	25 (pris pour u)
10	u tréma	25 (pris pour u)
11	o accent circonflexe	16 (pris pour o)
12	g tilde	15 (pris pour g)
13	- pas de signe -	pas pris
14	code "dl" de debut ligne	pas pris
15	trois points en triangle	pas pris
16	- pas de signe -	pas pris
17	slash inverse	pas pris
18	T pointé	24
19	s pointé	21
20	a accent plat	2 (pris pour a)
21	i accent plat	10 (pris pour i)
22	demi crochet ouvrant	pas pris
23	S pointé	21
24	accolade fermante	pas pris
25	e accent plat	6 (pris pour e)
26	accolade ouvrante	pas pris
27	code "fs" de fin de seq.	pas pris
28	i accent circonflexe	10 (pris pour i)
29	u accent circonflexe	25 (pris pour u)
30	G tilde	15 (pris pour g)
31	pavé	pas pris
32	espace	pas pris
33	!	pas pris
34	"	pas pris
35	£	pas pris
36	$	pas pris
37	%	pas pris
38	code "rf" debut de ref.	pas pris
39	'	1
40	(	pas pris
41	)	pas pris
42	x	pas pris
43	+	pas pris
44	,	pas pris
45	-	pas pris
46	.	pas pris
47	/	pas pris
48	0	31
49	1	32
50	2	33
51	3	34
52	4	35
53	5	36
54	6	37
55	7	38
56	8	39
57	9	40
58	:	pas pris
59	;	pas pris
60	<	pas pris
61	=	pas pris
62	>	pas pris
63	?	pas pris
64	a accent grave	2 (pris pour a)
65	A	2
66	B	3
67	C	4
68	D	5
69	E	6
70	F	7
71	G	8
72	H	9
73	I	10
74	J	11
75	K	12
76	L	13
77	M	14
78	N	15
79	O	16
80	P	17
81	Q	18
82	R	19
83	S	20
84	T	23
85	U	25
86	V	26
87	W	27
88	X	28
89	Y	29
90	Z	30
91	crochet ouvrant	pas pris
92	c cédille	4 (pris pour c)
93	crochet fermant	pas pris
94	flèche verticale	pas pris
95	souligne	pas pris

96 : apostrophe inverse	: pas pris	112 : p	: 17
97 : a	: 2	113 : q	: 18
98 : b	: 3	114 : r	: 19
99 : c	: 4	115 : s	: 20
100 : d	: 5	116 : t	: 23
101 : e	: 6	117 : u	: 25
102 : f	: 7	118 : v	: 26
103 : g	: 8	119 : w	: 27
104 : h	: 9	120 : x	: 28
105 : i	: 10	121 : y	: 29
106 : j	: 11	122 : z	: 30
107 : k	: 12	123 : e accent aigu	: 6
108 : l	: 13	124 : u accent grave	: 25
109 : m	: 14	125 : e accent grave	: 6
110 : n	: 15	126 : a accent circonflexe	: 2 (pris pour a)
111 : o	: 16	127 : e accent circonflexe	: 6 (pris pour e)

2.5.10.2.3 L'algorithme de tri

Pour Xxtri, nous avons retenu un algorithme de tri assez courant, le tri de Shell, dérivé du tri à bulle. La méthode du tri à bulle est fondée sur la comparaison de tous les éléments à trier deux à deux, du début à la fin du fichier, et la permutation des deux éléments chaque fois qu'ils sont dans le mauvais ordre. On recommence l'opération depuis le début du fichier jusqu'à ce qu'il n'y ait aucun échange à faire: le tri est alors fini. Shell a amélioré cet algorithme en constatant qu'il était plus efficace de comparer au départ des éléments éloignés, en diminuant peu à peu l'écart, plutôt que de se contenter, comme dans le tri à bulle normal, de toujours comparer deux éléments voisins.

C'est ce type d'algorithme qui est mis en oeuvre dans les procédure Tri_tableau (ll.151 ss.) et Tri_disque (ll.166 ss.) adaptées respectivement au tri en mémoire centrale (moins de 150 enregistrements et donc variable min vraie) et en accès direct sur disque (150 enregistrements ou plus et variable min fausse). Ces procédures utilisent la procédure Trans (voir ci-dessus, paragr.2.5.10.2.2) pour filtrer les mots avant de les comparer (ll.160 s., 179 s. et 181 s.). Au cas où les mots filtrés contenus dans les variables mot1 et mot2 doivent être échangés, c'est la procédure Echange (ll.131 ss.) qui est appelée. D'après l'état de la variable booléenne min, cette procédure effectue un échange adapté à la mémoire centrale (ll. 135-141) où à l'accès direct sur disque (ll. 142-148). Enfin, pour chaque échange, elle affiche un point à l'écran, destiné à permettre à l'utilisateur de constater visuellement le progrès du tri au lieu de se trouver devant un écran immobile. Ce dernier raffinement est d'autant plus utile que le tri de gros fichiers est toujours fort long et peut demander plusieurs heures.

L'algorithme de tri a été très clairement mis en évidence dans l'écriture des deux procédures qui l'emploient afin de permettre à l'utilisateur de le modifier ou de le remplacer par un plus performant. Dans une version ultérieure de ce programme, nous proposerons des algorithmes plus rapides mais plus complexes comme le tri rapide récursif ou le tri par arbre binaire.

Rappelons enfin que ce programme est adapté au tri de fichiers issus de Xxindex, et qu'il trie sur le champ contenant la translitération (cf. ll.160, 179 et 181). Mais, après en avoir compris le principe, l'utilisateur pourra facilement l'adapter à tout autre type de fichier.

2.6 EXTENSIONS ET AMELIORATIONS PREVUES

2.6.1 Programmation graphique de l'affichage à l'écran

Une des principales améliorations consistera à assurer la définition des caractères affichés à l'écran par programmation graphique point par point. Cela permettra de rendre le système indépendant des codes ASCII, donc de générer un nombre infini de caractères différents. Cela permettra aussi de rendre le système facilement adaptable à tout matériel acceptant le Pascal et disposant d'un écran programmable point par point dans ce langage. Notre éditeur gérant complètement son affichage, cette modification aurait pu être facilement implantée dans la présente version, si des contingences matérielles ne l'avaient interdit encore récemment: l'AppleII+ standard offre bien un écran programmable en haute résolution, mais dont la largeur ne permet de programmer que 40 caractères sur une ligne (280 points); et, si la carte Videoterm offre un écran double (560 points), celui-ci n'est programmable point par point qu'en langage machine, dont nous tenons à éviter l'usage puisque ce type de langage est étroitement lié à un type de matériel. Par contre, on trouve depuis peu dans le commerce des cartes dotant l'AppleII+ ou l'AppleIIe d'un écran double programmable point par point sans avoir à faire appel au langage machine.

2.6.2 L'éditeur en mode page

Nous comptons donner une plus grand souplesse à cet éditeur en évitant que les mouvements du curseur en effacement par insertion négative soient limités à la ligne courante. Quelques fonctions seront ajoutées, comme la recherche rapide de chaines de caractères, la possibilité de modifications en série et la recherche de cooccurences sur une ligne, dans un paragraphe ou entre deux signes de code.

2.6.3 Le système de gestion des fichiers en accès direct

Comme pour l'éditeur en mode page, nous comptons développer, pour l'accès direct sur disque, des possibilités de recherche rapide de chaine, de modifications en série, et de recherche de cooccurences.

2.6.4 Le système d'impression

Le système d'impression devra être adapté à différents types d'imprimantes à aiguilles; le dessin des caractères sera amélioré et plusieurs fontes seront proposées. En outre, chaque fonte, dont le nombre de caractères ne sera plus limité par le nombre de codes ASCII, pourra comporter tous les signes nécessaires pour transcrire le plus grand nombre possible de langues. On pourra aussi envisager d'intégrer au système une fonte cunéiforme dont les signes pourront être mélangés au texte en caractères latins.

2.6.5 La série Xx

Les performances de Xxtri pourront être améliorées par l'adoption d'un algorithme de tri récursif ou par arbre binaire. En outre, la série Xx s'enrichira de programmes permettant de composer des concordances, de faire de la recherche statistique et de l'analyse des données.

L'utilisateur ayant dès maintenant la possibilité – en suivant nos instructions – de modifier le format des fichiers issus des programmes de la série Xx, nous publierons un programme permettant de modifier le format de fichiers déjà existants pour les adapter à tout nouveau format choisi.

Enfin, pour permettre de mettre parfaitement au point, pour publication, tout fichier issu des programmes de la série Xx, un programme de correction en accès direct, adapté à ce type de fichier, sera ajouté à cette série.

2.6.6 Développement d'un dialecte spécifique fondé sur le Pascal

Les traitements de données en langues et en écritures anciennes comme l'Akkadien ou le Sumérien évolueront toujours selon la problématique de chaque chercheur, et selon le type particulier de données disponibles. Il serait donc chimérique de prétendre forger un outil directement adapté à tous les types de traitements sur tous les types de données.

C'est dans cet esprit que nous avons l'intention de développer, à côté de logiciels livrés "clés en main" comme Akkad, des sortes de bibliothèques de procédures spécialement adaptées à nos besoins. Mises au point pour écrire nos logiciels et nos programmes (cf. Les procécures d'Akkaddiv), et testées à cette occasion, ces procédures pourront être utilisées par n'importe qui pour inventer d'autres programmes. Cet ensemble constituera une sorte de "Pascal étendu" dont nous définirons progressivement les règles d'utilisation.

Ces développements et ces améliorations seront publiées régulièrement dans CARNES où nous accueillerons en outre très volontiers toutes propositions, suggestions et critiques constructives.

3. SCRIBE: ELEMENTS POUR UNE MACHINE A ECRIRE LE CUNEIFORME

Ce programme montre comment imprimer n'importe quelle forme avec une imprimante à aiguilles (Centronics 739). Il utilise le même principe et les mêmes codes d'impression que l'unité Akkadimpr (voir ci-dessus, paragr.2.2.4 et 2.5.5).

3.1 Mode d'emploi

Après avoir appelé le programme par la commande "X" du système standard du Pascal Apple, on voit apparaître à l'écran la question suivante: "Valeur de la marge gauche (de 0 à 28 pour une ligne de 29 signes) :". Cette option permet de placer le ou les signes exactement ou l'on désire sur la page. Ainsi, en répondant "28", on pourra imprimer un seul signe, qui sera automatiquement placé à l'extrême gauche de la ligne, et en répondant 14, on pourra imprimer 15 signes, qui seront placés sur la moitié droite de la ligne. Le programme refuse de prendre plus de signes qu'il ne pourra en envoyer sur la page, en fonction de la réponse donnée à cette question.

Scribe envoie ensuite l'instruction suivante: "Tapez le nom des signes à imprimer,
séparés par un espace"; et il donne la liste des codes servant respectivement à envoyer une
ligne prête à être imprimée (contrôle-L), à annuler une ligne qu'on ne désire pas
imprimer (contrôle-E) et à sortir du programme (contrôle-Q). Le programme informe enfin
l'utilisateur du nombre de signes qu'il pourra écrire, en fonction de la marge qu'il a
choisie (cf ci-dessus).

On notera que nous avons adopté, pour écrire les noms des signes, les conventions de
transcription que l'on retrouvera ci-dessous paragraphe 4, dans l'exemple d'utilisation du
Basic (shin = j, t pointé = x, s pointé = c). Les noms des signes devront être donnés en
minuscules, et on prendra bien garde de toujours ajouter un blanc après chaque signe, même
après le dernier de la ligne. Tout signe inconnu pour le programme sera ignoré au moment de
l'impression. Enfin, pour ménager un espace vide entre deux signes, il sera nécessaire
d'entrer un nom de signe fictif, "esp", que nous avons conçu et codé à cet usage.

Scribe est un programme expérimental destiné à illustrer un technique particulière.
Son aspect interactif est donc très peu développé, et, par exemple, rien n'est prévu pour
permettre à l'utilisateur un "repentir" lors de l'entrée d'une ligne à l'écran: toute
modification d'un caractère déjà entré est impossible et il faut alors annuler la ligne
(contrôle-E) et la réentrer avec la modification ou la correction souhaitée. Pour la même
raison, nous n'avons implanté dans Scribe aucune procédure de traitement de l'erreur.

Par ailleurs, en son état actuel, le programme ne comporte le codage que de quelques
signes: a, aj, hal, ba, ad2, ka, tar, bur2, li, mu, qa et na. Les codes de ces caractères
sont implantés dans le programme lui-même, et l'utilisateur pourra facilement en ajouter de
nouveaux (voir ci-dessous, le commentaire du programme).

Comme dans l'unité Akkadimpr, le codage et l'impression se font en deux passages (voir
ci-dessus, paragr.2.2.4.3). Cela permet de disposer de 12 points dans la hauteur. Pour
pouvoir disposer de signes plus grands, il faudrait coder et imprimer en trois passages ou
plus.

Sous sa forme présente, le programme Scribe n'est donc pas d'une utilité
extraordinaire. Le mode de codage relativement laborieux des signes ne peut convenir que
pour des formes standard, et il n'est pas question de publier des travaux de paléographie ou
des copies cunéiformes avec un outil de ce genre. Par contre, il peut convenir pour
l'enseignement ou pour l'édition de syllabaires et de listes de signes. Nous publierons
dans un numéro futur de CARNES une étude sur des techniques d'enregistrement et de
manipulation de formes beaucoup plus adaptées à la paléographie - comprise comme
enregistrement, édition et étude de formes non standard - et fondées sur le principe de la
digitalisation d'images à l'aide d'un système vidéo.

3.2 Exemple d'impression de signes cunéiformes

3.3 Texte de Scribe

```
1: PROGRAM SCRIBE;                                    72:    end;
2: var page:text;                                     73: end;
3:     ligne:string[132];                             74: PROCEDURE PREND_SIGNE;
4:     ligne33, signe, graphisme: string;             75: begin
5:     clavier, fin, ctrl_E, ctrl_L, ctrl_Q: char;    76:    n:=n+1;read(clavier);
6:     i,n,s,se,si,nbsignes,cursverti,curshoriz,marge,longligne: integer;   77:    curshoriz:=n;          (xon ne fait pas apparaitre la marge a l'ecranx)
7:                                                     78:    ligne[n]:=clavier;
8: (x ============= PROCEDURES D'IMPRESSION ============= x)   79:    if clavier=chr(32) then se:=se+1;      (xincremente compteur de signesx)
9:                                                     80:    if clavier=chr(5) then begin defile; annuleligne; end;
10: PROCEDURE INITIMPR;(xouvre l'impr, vide le buffer et met en mode graphx)   81:    if se=(nbsignes-2) then write(chr(7));    (xbip 2 signes avant finx)
11: begin                                             82:    if se=(nbsignes) then bout;
12:     rewrite(page,'printer:');write(page,chr(13),chr(27),chr(37),chr(48));   83: end;
13: end;                                              84: PROCEDURE INIT_LIGNE;
14: PROCEDURE VIDEBUFFER;(xvide le buffer de l'imprimantex)   85: begin
15: begin                                             86:    longligne:=132;    (xC'est suffisant et permet d'imprimer eventuellementx)
16:    write(page,chr(13),chr(27),chr(10),chr(27),chr(37),chr(48));   87:                      (xla transliteration sur une seule lignex)
17: end;                                              88:    ligne33:='                                 ';   (x33 espx)
18: PROCEDURE PETITSCARACTERES;(xmode ecriture petits caracteresx)   89:    cursverti:=cursverti+1;gotoxy(0,cursverti); defile;
19: begin                                             90:    n:=0; nbsignes:=29-marge; se:=0;
20:    write(page,chr(27),chr(20));                   91:    ligne:=concat(ligne33,ligne33,ligne33,ligne33);   (xreserve 33x4=132x)
21: PROCEDURE MILIGNEAVANT;(xavec retour a la marge gauchex)   92: end;
22: PROCEDURE MILIGNEAVANT;(xavec retour a la marge gauchex)   93:
23: begin                                             94: (x ============ PROCEDURES D'ENTETE ET D'OPTIONS ============ x)
24:    write(page,chr(27),chr(19),chr(13),chr(27),chr(30),chr(27),chr(37),chr(48));   95:
25: end;                                              96: PROCEDURE ENTETE;
26: PROCEDURE LIGNEARRIERE; (xfull line feed reversex)   97: begin
27: begin                                             98:    write(chr(12));(xefface ecran avec carte videotermx)
28:    write(page,chr(27),chr(10));                   99:    gotoxy(0,0);
29: end;                                             100:    writeln ('SCRIBE : Machine @ (crire le cun(iforme  -  par  Olivier ROUAULT');
30: PROCEDURE IMPRMARGE;                             101:    writeln
31: begin                                            102:    ('——————————————————————————————————');
32:    for i:=1 to marge do write(page,'           ');   103: end;
33: end;                                             104: PROCEDURE MESSAGE;
34: procedure codes; forward;                        105: begin
35: PROCEDURE IMPRESSION(passe: char);               106:    entete;
36: begin                                            107:    writeln
37:    imprmarge;(xPas de marge si c'est finix)      108:    ('    Tapez le nom des signes @ imprimer, s(par(s par un espace;   ');
38:    n:=0;si:=0;                                    109:    writeln
39:    repeat                                        110:    ('ctrl-L: envoyer une ligne; ctrl-E: annuler; ctrl-Q: sortir.');
40:       signe='        ';s:=0;si:=si+1;            111:    writeln
41:       repeat                                     112:    ('Avec une marge gauche de ', marge, ' vous pouvez (crire ',
42:         n:=n+1;s:=s+1;signe[s]:=ligne[n];        113:    29-marge, ' caracteres par ligne.       ');
43:       until ((ligne[n]=chr(32)) or (ligne[n]=chr(0)));   114:    writeln
44:       if passe='1' then signe:=concat(copy(signe,1,s-1), '1');   115:    ('——————————————————————————————————');
45:       if passe='2' then signe:=concat(copy(signe,1,s-1), '2');   116: end;
46:       codes; write(page, graphisme);            117: PROCEDURE CHOIX_MARGE;
47:    until si=se;(xjusqu'a ce que nb signes imprimes=nb signes entresx)   118: begin
48: end;                                            119:    repeat
49:                                                 120:       entete; write
50: (x ============ PROCEDURES DE GESTION D'ECRAN ============ x)   121:       ('Valeur de la marge gauche (de 0 @ 28 pour une ligne de 29 signes) : ');
51:                                                 122:       readln(marge);
52: PROCEDURE ANNULELIGNE;                          123:    until marge in[0..28];
53: begin                                           124: end;
54:    n:=0;ligne:=concat(ligne33,ligne33,ligne33,ligne33);   125:
55:    cursverti:=cursverti+1;gotoxy(0,cursverti);  126: (x ============ CODAGE DES SIGNES CUNEIFORMES ============ x)
56: end;                                            127:
57: PROCEDURE BOUT;                                 128: PROCEDURE CODES1                    ;
58: begin                                           129:                        (xchaque signe est dessine dans une matrice dex)
59:    repeat                                        130:                        (x12 points verticaux sur 20 horizontauxx)
60:       write(chr(7));read (clavier);             131: begin
61:       write(chr(29)); (xefface fin ligne avec videotermx)   132:    if signe='a1' then    graphisme:= '  !$_#!):_:)      ';
62:       gotoxy(curshoriz,cursverti);              133:    if signe='a2' then    graphisme:= '   _ _           ';
63:    until clavier in[chr(12),chr(17),chr(5)];    134:    if signe='aj1' then   graphisme:= ' XP@@@@@@@@       ';
64:    if clavier=chr(5) then annuleligne;          135:    if signe='aj2' then   graphisme:= ' #!              ';
65: end;                                            136:    if signe='hal1' then  graphisme:= ' XP@@XP@@@@@@     ';
66: procedure message; forward;                     137:    if signe='hal2' then  graphisme:= ' #! #!           ';
67: PROCEDURE DEFILE;                               138:    if signe='ba1' then   graphisme:= 'XP@@@_N$$Z''_#!   ';
68: begin                                           139:    if signe='ba2' then   graphisme:= '#! ?_$$$$$$/     ';
69:    if cursverti>=20 then                        140:    if signe='esp1' then  graphisme:= '                 ';
70:    begin                                        141:    if signe='esp2' then  graphisme:= '                 ';
71:       for i:=1 to 10 do writeln; message; cursverti:=6; gotoxy(0,cursverti);   142:    if signe='su1' then    graphisme:= 'P@   XP@_NDOA$_#!';
```

```
143:    if signe='su2' then    graphisme:= '''$!?/Z''Z$$$$$$$/ /  ';
144:    if signe='bal1' then    graphisme:= '      (,.0@!$_+-N0@ ';
145:    if signe='bal2' then    graphisme:= '?.$$?.$$$$$Z$?"#$$( ';
146:    if signe='ad21' then    graphisme:= '    0$<@!$_$_$_$! ';
147:    if signe='ad22' then    graphisme:= '?.$$?.$$$$Z&? ? ? ';
148:    if signe='ka1' then     graphisme:= 'P@ ^<(()$_[@@@@AC_$!';
149:    if signe='ka2' then     graphisme:= '''$!?.$$^</+)((((((? ';
150:    if signe='tar1' then    graphisme:= 'XP@@XP@@@@@@@@@@   ';
151:    if signe='tar2' then    graphisme:= '$!  $)$&''$$(((000   ';
152:    if signe='bur21' then   graphisme:= '   0$<@!_$_$_+-N0@';
153:    if signe='bur22' then   graphisme:= '?.$$?.$$$Z? ? ?"#$$(';
154:    if signe='li1' then     graphisme:= 'P@ ^L((( _;22RR)''_$_!';
155:    if signe='li2' then     graphisme:= '''$!_})))/+xxx+x,? ? ';
156:    if signe='mu1' then     graphisme:= 'P@   0$<@@P(,.0@ ';
157:    if signe='mu2' then     graphisme:= '''$!!!!!)-.1A!$$   ';
158: end;
159: PROCEDURE CODES2            ;
160: begin
161:    if signe='qa1' then     graphisme:= '     (,./0A$_$! ';
162:    if signe='qa2' then     graphisme:= '?.$$$$$$$$$$$Z/ ';
163:    if signe='na1' then     graphisme:= '     08<>A$_$! ';
164:    if signe='na2' then     graphisme:= '?.$$$$$$$$&''''''(1/ ';
165: end;
```

```
166: PROCEDURE CODES;
167: begin
168:    codes1(signe);codes2(signe);
169: end;
170:
171: (x ============= PROGRAMME PRINCIPAL ============= x)
172:
173: begin
174:    ctrl_E:=chr(5); ctrl_L:=chr(12); ctrl_Q:=chr(17);
175:    cursverti:=5; (xle haut est reserve aux instructionsx)
176:    choix_marge; message;
177:    repeat
178:       init_ligne;
179:       repeat prend_signe until (clavier=ctrl_L) or (clavier=ctrl_Q);
180:       initimpr;
181:       if clavier<>ctrl_Q then
182:       begin
183:          impression('1'); miligneavant; impression('2');
184:       end;
185:       videbuffer; miligneavant; miligneavant; close(page);
186:    until clavier=ctrl_Q;
187:    rewrite (page,'printer:'); lignearriere; petitscaracteres; close(page);
188: end.
```

3.4 Commentaire de Scribe

3.4.1 Programme principal

Il contient l'algorithme du traitement à son niveau le plus simple: après avoir initialisé différentes variables, le programme appelle les procedures permettant de choisir la marge (Choix_marge, ll.176 et 117 ss. et cf. ci-dessus, paragr.3.1) et d'afficher les instructions (Entete, ll.176 et 104 ss.); puis, à l'intérieur d'une boucle de type "repeat ... until ..." fonctionnant tant que l'utilisateur n'a pas entré un "ctrl-Q" (ll.177-186), il donne la possibilité d'entrer la ligne de noms de signes par le clavier (l.179). Il provoque enfin l'impression en deux passages des graphismes correspondants (l.183), avant de faire avancer le papier et de préparer l'imprimante à recevoir la ligne suivante (l.185).

3.4.2 Procédures d'entête et d'options

Entete (ll.96 ss.) ne sert qu'à afficher le titre du programme. Elle est appelée par les deux autres procédures de cette série. Choix_marge (ll.117 ss.) affiche la question correspondant à cette option et enregistre la réponse de l'utilisateur. Enfin, Message (104 ss.) affiche les instructions et calcule le nombre de caractères imprimables en fonction de la marge choisie (l.113).

3.4.3 Procédures d'impression

Ces procédures sont du même type que celles qu'utilise l'unité Akkadimpr (voir ci-dessus, paragr.2.5.5.2.1), et elles utilisent les codes spéciaux de l'imprimante Centronics 739. Les noms des procédures sont suffisamment suggestifs pour ne nécessiter aucun commentaire.

La procédure Impression assure l'envoi, vers l'imprimante, du graphisme correspondant à chaque moitié de signe. Dans ce but, elle ajoute au nom du signe (variable "signe") le numéro 1 ou le numéro 2 en fonction de la valeur passée en paramètre dans la variable "passe" (voir l.35 et cf. l.183). C'est le nom du signe ainsi transformé qui sera utilisé dans les procédures de codage dont nous reparlerons plus bas (paragr.3.4.5) et qui sont appelées ici, depuis la ligne 46. Le bon code ayant été chargé dans la variable "graphisme", Impression l'envoie à l'imprimante (l.46), puis réitère le processus jusqu'à ce que le nombre de signes imprimés soit égal au nombre de signes entrés par le clavier (cf. l.47).

3.4.4 Procédures de gestion d'écran

La gestion de l'écran est ici minimale par rapport à celle que nous avons programmée pour Akkad dans Akkadpage. Annuleligne (ll.52 ss.) sert à vider la ligne courante de tout caractère si l'utilisateur ne souhaite pas l'envoyer pour impression (commande ctrl-E). Init_ligne (ll.84 ss. et voir l.178) prépare l'espace nécessaire pour une ligne. Bout (ll.74 ss et voir l.82) stoppe le curseur lorsque l'utilisateur a entré le maximum de signes imprimables, en fonction de la marge choisie. Defile (ll.67 ss. et voir l.80) provoque, lorsque l'écran est plein, son effacement, le réaffichage des instructions et le positionnement du curseur juste en dessous.

La principale procédure de cette série est Prend_signe (ll.74 ss.) qui prend tous les caractères entrés à l'écran, appelle en cas de nécessité les procédures Defile (l.80), Annuleligne (l.80) et Bout (l.82), et provoque l'envoi d'un signal sonore deux signes avant la fin de la ligne (l.81).

3.4.5 Codage des signes cunéiformes

Pour le principe du codage et la liste des codes, voir ci-dessus, paragr.2.2.4. Les signes sont conçus selon une matrice de 12 points verticaux sur 20 horizontaux. Pour obtenir des signes plus grands et mieux définis, dans une matrice de 18 points verticaux, par exemple, il faudrait envisager un codage en trois parties et donc une impression en trois passages. Pour ce programme expérimental, la matrice choisie nous a paru suffisante.

Le chiffre suivant le nom du signe indique s'il s'agit du codage du haut ou du bas. Ainsi, "a1" sera le haut du signe "a" (l.132) et "ad22", le bas du signe "ad2" (l.147). C'est, nous l'avons vu, dans la procédure Impression que ce chiffre est ajouté au nom du signe. Rappelons que l'espace est traité comme un signe (ll.140 s.)

La procédure Codes (ll.166 ss.) sert d'interface entre les procédures de codage et le reste du programme. Si on rajoute des codes, et si l'on crée donc d'autres procédures Codes3, Codes4, etc. (25 ou 26 codes maximum par procédure), il conviendra de les mentionner dans Codes.

Cette installation des codes dans le programme lui-même ne peut convenir qu'à ce stade expérimental. Dans un programme opérationnel, il conviendrait de les ranger dans un fichier annexe, hors du programme, comme nous l'avons fait pour la fonte utilisée par l'unité Akkadimpr (voir ci-dessus, paragr.2.5.6.1 et 2.5.6.2).

4. EXEMPLE D'UTILISATION DU BASIC

Beaucoup de logiciels du commerce sont écrits en Basic et, même s'ils sont généralement conçus pour des tâches commerciales ou de gestion, ils peuvent parfois être utilisés avec profit pour la part de nos travaux qui s'apparente le plus à ce genre d'application: fichage, indexation, etc. C'est pour illustrer ce type de démarche que nous proposons ici un exemple d'utilisation du langage Basic montrant comment traiter des données enregistrées à l'aide d'un logiciel du commerce – le Data Management System (version 5.1) de Personal Software – pour créer sur des supports de mémoire de contenance très limitée (disquettes) un index de taille illimité et trié selon l'ordre de l'"alphabet akkadien".

4.1 Le problème à résoudre

Cette application a été mise au point dans un but précis et pour les besoins de l'Equipe de Recherche Associée au Centre de la Recherche Scientifique Français intitulée "Pouvoir et Société dans le Proche Orient Ancien" (E.R.A 759). De nombreuses publications assyriologiques comportent des index des mots akkadiens étudiés. Chaque assyriologue complète régulièrement son fichier personnel en y incluant les références qui l'intéressent. Mais l'effort consistant à ficher et à classer à la main tous ces index serait sans doute disproportionné par rapport à l'intérêt scientifique limité d'une telle opération. Par contre, l'utilisation de l'informatique rend ce type de travail tout à fait rentable à condition de mettre au point une solution économique tant du point de vue du matériel que de celui du personnel.

4.2 La solution proposée

La solution mise au point est à la portée de tout chercheur pouvant disposer d'un micro-ordinateur dans le genre de l'AppleII, avec deux lecteurs de disquettes. L'utilisation d'un disque dur facilite les opérations mais n'est pas indispensable. Pour l'impression, n'importe quelle imprimante peut convenir, aucun caractère spécial n'étant utilisé. Il n'est même pas nécessaire de disposer des caractères minuscules à l'écran: la saisie, dans l'exemple que nous proposons, a été faite en majuscules et ce n'est qu'à la fin du traitement que la transformation en minuscules a été assurée par programme.

Pour la saisie primaire, nous avons donc utilisé le DMS de Personal Software. Par ailleurs, nous avons écrit plusieurs programmes, soit pour assurer des fonctions dont le DMS ne disposait pas (division ou mélange de fichiers, etc.), soit pour adapter le traitement aux spécificités de l'akkadien (alphabet différent nécessitant une modification du tri, par exemple). Nous donnerons, plus bas, le texte de ces sept programmes que nous avons appelés Selection, Creefichierinter, Copiesurindex, Divise, Reunit, Litfichierdms et Diacritac.

Le traitement nécessite sept opérations successives, décrites ci-dessous (paragr.4.2.1 à 4.2.7). Pour les illustrer (paragr.4.2.8) nous utiliserons un fichier de démonstration ne comportant qu'une vingtaine d'enregistrements. Mais la fiabilité de cette méthode a été prouvée par un usage intensif: une première version de l'"Index des index", pour les mots akkadiens, comportant quelque 31797 enregistrements en entrée et 35739 pour la sortie, a été réalisée dans le cadre de l'Equipe citée ci-dessus (enregistrement des données et manipulations par Brigitte Arzens). Cet index a été confectionné pour l'usage des membres de l'équipe, mais sa diffusion pourra être envisagée, sur disquettes, ou peut-être sous forme de microfiches.

4.2.1 Enregistrement primaire

Le logiciel DMS utilisé pour cet enregistrement sert, comme toute "Database", à créer, corriger, mettre à jour, trier et imprimer des données enregistrées depuis le clavier puis stockées sur disquettes sous un format déterminé. Nous n'en donnerons pas en détail le mode d'emploi, une notice détaillée étant livrée avec la disquette de programme, lors de l'achat.

Il serait d'ailleurs possible d'utiliser un autre logiciel de type "Database", à condition que le fichier créé soit en Basic, de type "Random", et que l'on écrive un petit programme pour rendre le format général compatible avec celui que crée le DMS: chaque enregistrement doit être précédé d'un guillemet (code ASCII 34) et de cinq espaces réservés pour le numéro et le marqueur d'effacement (voir page 4-1 de la notice d'avril 1980).

Il convient tout d'abord de définir le format particulier du fichier à créer (option 4 du menu DMS). Nous avons choisi, pour l'exemple proposé, d'utiliser deux champs de 25 espaces chacun. Ce format permet le stockage d'environ 2000 enregistrements sur une disquette souple et 6000 sur un volume triple comme ceux qu'autorisent certains disques durs. En ce qui concerne la saisie, les pricipales conventions sont les suivantes: les lettres C, J et X servent respectivement à noter le S pointé, le shin et le T pointé; l'accent plat est marqué par deux points suivant la voyelle, et l'accent circonflexe par deux fois deux points. Pour un exemple d'enregistrement primaire, voir ci-dessous, paragr.4.2.8, illustration 1.

4.2.2 Sélection alphabétique

Les capacités des disquettes ou du disque dur sont très insuffisantes pour stocker en un seul bloc tout l'enregistrement primaire, et il a fallu imaginer un système permettant de partitionner le traitement. C'est en partie l'objet de la seconde opération: nous avons écrit un programme (Selection) permettant d'extraire du fichier primaire une partie seulement des données pour créer des fichiers de taille plus réduite et contenant des enregistrements commençant tous par la même lettre.

Ce programme recherche les mots akkadiens commençant par la lettre de sélection choisie et les stocke dans un autre fichier. Mais les données enregistrées se présentent non seulement sous la forme de mots, mais aussi parfois comme des expressions composées. Le même programme a donc été également conçu pour créer de nouveaux enregistrements. Ainsi, l'expression "INA MAHRI ALA:KU" donnera naissance, lorsqu'elle sera traité par le programme de sélection réglé sur "M" puis sur "A", à deux nouveaux enregistrements comportant respectivement "MAHRI (INA .. ALA:KU" et "ALA:KU (INA MAHRI ..", tandis que, réglé sur "I", le programme prendra l'expression initiale sans aucun changement. Ces enregistrements sélectionnés peuvent être stockés dans un nouveau fichier ou ajoutés à un fichier déjà existant. Voir paragr.4.2.8, illustration 2.

4.2.3 Création d'un fichier spécial pour le tri

Le logiciel DMS effectue le tri en fonction de l'ordre des codes ASCII (pour les problèmes de tri, voir ci-dessus, paragr.2.5.10.2.2). Or nous avons besoin d'un tri dans un ordre différent, le C et le J (S pointé et shin) devant être placés après le S, et le X (t pointé) juste après le T. En outre, le tri ne devra pas prendre en compte les caractères comme les deux points, les astérisques, les parenthèses, les espaces, etc. Le programme Creefichierinter est donc destiné à créer un nouveau fichier, filtré selon un principe semblable à celui que nous avons décrit ci-dessus, paragr.2.5.10.2.2, et sur lequel les opérations de tri du DMS aboutiront à l'ordre adéquat. Voir paragr.4.2.8, illustration 3.

4.2.4 Création d'un index issu du tri du fichier spécial

Nous aurions pu envisager de trier ce fichier intermédiaire, puis de le filtrer dans l'autre sens. Il nous a semblé plus rapide et plus économique de créer, à partir de ce fichier intermédiaire, un fichier index trié ne contenant pas les enregistrements eux-même, mais leur numéros dans l'ordre du tri. La création de ce genre d'index est une des possibilités intéressantes du DMS qui l'utilise en particulier pour faire de la recherche rapide sur un fichier (Indexed Sequential Acces Method, voir pp.3-21 ss. de la notice). Voir paragr.4.2.8, illustration 4.

4.2.5 Mise en ordre du fichier initial à l'aide de l'index

Il est ensuite possible, en utilisant l'option 2 du menu général du DMS et le fichier index, d'imprimer, dans l'ordre de notre tri spécial, le fichier de données non triées tel qu'il était avant la troisième opération décrite au paragr4.2.3. On peut aussi, grâce à notre programme Copiesurindex, recopier dans l'ordre du tri ce fichier intial sur disquette ou disque dur. Cette recopie est indispensable si l'on doit procéder à l'opération suivante (paragr.4.2.6). Voir paragr.4.2.8, illustration 5.

4.2.6 Partition illimitée

Cette opération permet de partitionner à l'infini les données, ce qui peut être nécessaire si on opère sur des fichiers très grands et si les enregistrements commençant par une même lettre (initiaux, ou générés par le programme Selection) ne peuvent tenir sur un même support de mémoire (pour notre format, 2000 sur disquette et 6000 sur volume triple de disque dur). Nous avons écrit dans ce but deux programmes spéciaux, Divise et Reunit, permettant de reconstituer un fichier à partir d'éléments empruntés à d'autres. Ainsi, si les enregistrements commençant par "A" se trouvent dans deux fichiers différents, on soumet les deux fichiers aux opérations de tri par fichier intermédiaire et fichier index (paragr.4.2.4. et 4.2.5), puis on regroupe les enregistrements dans différents fichiers, par Divise et Reunit, en fonction de leurs deux premières lettres, ou de tout autre critère adéquat.

C'est afin de faciliter ces opérations que nous avons écrit le programme LitfichierDMS qui permet de visualiser très rapidement à l'écran un fichier créé par le DMS, et de repérer aisément l'endroit où il convient de le couper.

4.2.7 Suppression des codes; ajout des diacritiques et accents

Le programme Diacritac a été conçu pour permettre de créer une copie sans les signes de code utilisés pour marquer principalement les diacritiques et les accents, tels que les deux points, les C, J et X (remplacés par S et T), etc. Le programme transforme également toutes les lettres en minuscules. Une fois le traitement et l'impression faits, il suffit de comparer la version codée et la version traitée par Diacritac, et de rajouter sur cette dernière, à la main, les diacritiques et les accents. Voir paragr.4.2.8, illustration 6.

4.2.8 Illustrations

```
REC   MOT                                REF
----  ---------------------------------  ----------------------
   1  NE:PUJU ANA HABIRI                 KEIL.BIBLIO. 42 394
   2  ALSI:KA JIMA::NNI                  KEIL.BIBLIO. 42 508
   3  BI:T ABI                           AFO 25 (I) 426
   4  INA ERE:B ABI                      AFO 27 (I) 431
   5  EXEMMU ABI U UMMI                  AFO 25 (I) 433
   6  AZAPPU                             TCS 2 80
   7  AYAKKU                             AFO 25 (I) 420
   8  AWI:LUM                            ZA NF 69 157
   9  DALTU JA ATI::                     AASF 124 32
  10  ATAM JELEPPI::                     AASF 166 243
  11  ACU:DU                             OR NS 35 7
  12  A:CI:TU                            TCS 3 58
  13  ASAKKAM AKA:LU                     AFO 25 (I) 420
  14  AMARTU JA ALTAPPIPI                AASF 139 197
  15  ADURTU                             ZA NF 20 263
  16  ADARU                              AASF 139 21
  17  ABJENNA AKA:LU                     AASF 149 196
  18  AMA:TU                             AFO 25 (I) 421
  19  CALAM ANDUNA:NI                    ZA NF 11 56
  20  ANNI ABI:YA                        AFO 27 (I) 408
```

1) Le fichier de démonstration LEX, créé et imprimé par DMS.

```
REC   M                                  R
----  ---------------------------------  ----------------------
   1  ANA (NE:PUJU .. HABIRI             KEIL.BIBLIO. 42 394
   2  ALSI:KA JIMA::NNI                  KEIL.BIBLIO. 42 508
   3  ABI (BI:T ..                       AFO 25 (I) 426
   4  ABI (INA ERE:B ..                  AFO 27 (I) 431
   5  ABI (EXEMMU .. U UMMI              AFO 25 (I) 433
   6  AZAPPU                             TCS 2 80
   7  AYAKKU                             AFO 25 (I) 420
   8  AWI:LUM                            ZA NF 69 157
   9  ATI:: (DALTU JA ..                 AASF 124 32
  10  ATAM JELEPPI::                     AASF 166 243
  11  ACU:DU                             OR NS 35 7
  12  A:CI:TU                            TCS 3 58
  13  ASAKKAM AKA:LU                     AFO 25 (I) 420
  13  AKA:LU (ASAKKAM ..                 AFO 25 (I) 420
  14  AMARTU JA ALTAPPIPI                AASF 139 197
  14  ALTAPPIPI (AMARTU JA ..            AASF 139 197
  15  ADURTU                             ZA NF 20 263
  16  ADARU                              AASF 139 21
  17  ABJENNA AKA:LU                     AASF 149 196
  17  AKA:LU (ABJENNA ..                 AASF 149 196
  18  AMA:TU                             AFO 25 (I) 421
  19  ANDUNA:NI (CALAM ..                ZA NF 11 56
  20  ANNI ABI:YA                        AFO 27 (I) 408
  20  ABI:YA (ANNI ..                    AFO 27 (I) 408
```

2) Le fichier LEX-A créé à partir de LEX par le programme SELECTION réglé sur A.

```
REC    MOT
----   -----------------------------
       ALALDNVSVGABHPH
       AJQHIASHKALLH
       ABHBHT
       ABHHLADPDB
       ABHDUDKKVVVKKH
       AZANNV
       AYAIIV
       AXHJVK
       ATHCAJTVSA
       ATAKSDJDNNH
       ARVCV
       ARHTV
       AQAIIAKAIAJV
       AIAJVAQAIIAK
       AKAPTVSAAJTANNHNH
       AJTANNHNHAKAPTVSA
       ACVPTV
       ACAPV
       ABSDLLAAIAJV
       AIAJVABSDLLA
       AKATV
       ALCVLALHRAJAK
       ALLHABHYA
       ABHYAALLH
```

3) Le fichier LEX-A-INTER créé à partir de LEX-A par le programme CREE FICHIER INTER

```
       0003
       0005
       0004
       0024
       0019
       0018
       0017
       0020
       0014
       0002
       0016
       0015
       0021
       0001
       0022
       0023
       0013
       0012
       0011
       0010
       0009
       0008
       0007
       0006
```

4) Le fichier index LEX-A-INTER.M.INDEX créé par DMS à partir de LEX-A-INTER.

4.3 Texte des programmes

4.3.1 Le programme Selection

```
10 REM PROG. 'SELECTION'
20 REM PAR O.ROUAULT
100 D$ = CHR$ (4)
110 EX = 1
120 GOSUB 9000: REM CONVERSATIO
    N
130 IF NV$ = "A" THEN GOSUB 650
    0:SX = SX + 1
133 IF NV$ = "N" THEN SX = 1
135 GOSUB 8000: REM EXAM PARAM
    FICH A TRAITER
137 IF NV$ = "N" THEN LGX = LX
150 GOSUB 2000: REM OUVRE FICH A
    TRAITER
200 GOSUB 3000: REM OUVRE FICH S
    ORTIE
240 REM -------------------
250 GOSUB 2500: REM LIT UN ENR A
    TRAITER
300 GOSUB 4000: REM TRAITE ENR
430 IF EX < NX + 1 THEN 250
440 REM -------------------
450 PRINT D$;"CLOSE"
500 GOSUB 6000: REM ECRIT ENR D
    E TETE FICH SORTIE
900 GOSUB 7000: REM FERME LES F
    ICHIERS
950 END
999 REM FIN DU PROG PRINCIPAL
2000 REM ===================
2100 PRINT D$;"OPEN";F$;",L";LX;
     ",";DF$
2200 RETURN
2500 REM -------------------
2510 PRINT D$;"READ";F$;",R";EX
2520 INPUT Z$
2525 PRINT Z$
2530 EX = EX + 1
2600 RETURN
3000 REM -------------------
3100 PRINT D$;"OPEN";FS$;",L";LX
     ;",";DS$
```

```
3200 RETURN
3500 REM -------------------
3510 PRINT D$;"WRITE";FS$;",R";S
     X
3520 PRINT S$
3525 PRINT D$: PRINT S$
3530 Z$ = ""
3540 SX = SX + 1
3600 RETURN
4000 REM -------------------
4030 AJT$ = MID$ (AJT$,1,25 - ( LEN
     (MOT$) + 1))
4040 REM
4050 PX = 1
4060 LX = 0
4070 DEBX = 1
4080 MOT$ = ""
4090 NUM$ = LEFT$ (Z$,5)
4110 REF$ = MID$ (Z$,31,25)
4130 CH1$ = MID$ (Z$,6,25)
4160 FOR I = DEBX TO 25
4170 IX = I
4180 L$ = MID$ (CH1$,IX,1)
4190 IF L$ = CHR$ (32) THEN GOTO
     4230
4200 LX = 1
4210 NEXT I
4230 IF LX = 0 THEN DEBX = DEBX +
     1: GOTO 4160
4240 MOT$ = MID$ (CH1$,DEBX,IX -
     DEBX)
4250 IF DEBX > 1 THEN AVT$ = LEFT$
     (CH1$,IX - LEN (MOT$) - 1)
4260 APR$ = MID$ (CH1$,IX,25)
4270 IF MOT$ < > "" THEN GOSUB
     4340
4280 LX = 0
4290 DEBX = IX + 1
4300 IF DEBX < 25 THEN GOTO 416
     0
4320 RETURN
4340 IF LEFT$ (MOT$,1) < > LT$
     THEN PX = PX + 1: GOTO 4410
```

```
4350 IF PX = 1 THEN AJT$ = "":MO
     T$ = CH1$: GOTO 4380
4360 IF PX > 1 THEN AJT$ = " (" +
     AVT$ + ".." + APR$
4370 AJT$ = LEFT$ (AJT$,25 - LEN
     (MOT$))
4380 PX = PX + 1
4390 S$ = CHR$ (34) + NUM$ + MOT
     $ + AJT$ + REF$
4405 GOSUB 3500
4410 RETURN
6000 REM -------------------
6005 SX = SX - 1
6010 PRINT D$;"OPEN";FS$;",";DS$
6020 PRINT D$;"WRITE";FS$
6030 PRINT SX;
6035 PRINT LGX;
6040 PRINT D$;"CLOSE";FS$
6100 RETURN
6500 REM -------------------
6510 PRINT D$;"OPEN";FS$;",";DS$
6520 PRINT D$;"READ";FS$
6530 INPUT SX: INPUT LGX;
6540 PRINT D$;"CLOSE";FS$
6550 PRINT "IL Y A DEJA ";SX;" E
     NR. DE LONG. ";LGX;" DANS ";
     FS$
6600 RETURN
7000 REM -------------------
7010 PRINT D$;"CLOSE"
7020 PRINT CHR$ (7), CHR$ (7), CHR$
     (7)
7030 PRINT "TRAITEMENT FINI"
7040 PRINT FS$;" CONTIENT MAINTE
     NANT ";SX;" ENREGISTREMENTS"
7042 PRINT "DE LONGUEUR ";LGX
7100 RETURN
8000 REM -------------------
8010 PRINT D$;"OPEN";F$;",";DF$
8020 PRINT D$;"READ";F$
8030 INPUT NX: INPUT LX:
```

```
8040 IF NV$ = "A" AND LX < > LG
     X THEN PRINT "FORMATS INCOM
     PATIBLES!": END
8050 PRINT D$;"CLOSE";F$
8100 RETURN
9000 REM -------------------
9020 PRINT CHR$ (12)
9100 PRINT "O.ROUAULT - PROGRAMM
     E 'SELECTION'"
9105 PRINT
9120 INPUT "NOM DU FICHIER A TRA
     ITER: ";F$
9130 INPUT "DANS QUEL DRIVE OU V
     OLUME (Dn/Vn)? ";DF$
9140 INPUT "LETTRE DE SELECTION:
     ";LT$
9150 INPUT "NOM DU FICHIER DE SO
     RTIE: ";FS$
9160 INPUT "DANS QUEL DRIVE OU V
     OLUME (Dn/Vn)? ";DS$
9200 INPUT "FICHIER NOUVEAU OU A
     NCIEN (N/A)? ";NV$
9210 IF NV$ < > "A" AND NV$ < >
     "N" THEN GOTO 9200
9220 IF NV$ = "A" THEN GOTO 950
     0
9230 PRINT "ATTENTION! S'IL EXIS
     TE UN FICHIER ";FS$
9240 PRINT "SUR LE MEME DRIVE OU
     VOLUME, "
9250 PRINT "IL SERA EFFACE."
9260 INPUT "ON CONTINUE (O/N)? "
     ;R4$
9270 IF R4$ = "N" THEN END
9280 IF R4$ < > "O" THEN GOTO
     9260
9500 RETURN
```

4.3.2 Le programme Creefichierinter

```
10 REM CREEFICHIERINTER
15 REM PAR O.ROUAULT
29 HOME
30 D$ = CHR$ (4)
35 RX = 0
37 PRINT "CREATION D'UN FICHIER
   INTERMEDIAIRE POUR TRI"
38 PRINT
40 INPUT "NOM DU FICHIER:";F$
45 INPUT "SUR QUEL DRIVE OU VOLU
   ME (DX/VX/DX,VX);DR$
50 PRINT D$;"OPEN";F$;",";DR$
55 PRINT D$;"READ";F$
60 INPUT NX:
62 INPUT LX:
65 PRINT "IL Y A ";NX;" ENREGIST
   REMENTS DE LONGUEUR ";LX
70 PRINT D$;"CLOSE";F$
```

```
75 INPUT "NOM DU FICHIER INTERME
   DIAIRE FILTRE A CREER: ";F2$
80 INPUT "SUR QUEL DRIVE OU VOLU
   ME (DX/VX/DX,VX);DS$
85 INPUT "PROFONDEUR DU TRI SUR
   LA LIGNE: ";PFX
90 LZX = PFX + 7: REM POUR CONFO
   RMITE FORMAT DMS
95 PRINT D$;"OPEN";F2$;",L";LZX
100 PRINT D$;"OPEN";F$;",L";LX
109 REM : -------------------
110 FOR I = 1 TO NX
115 IX = I
140 PRINT D$;"READ";F$;",R";IX
143 INPUT AI$
145 BI$ = MID$ (AI$,6,PFX)
146 C$ = BI$
```

```
148 GOSUB 2000: REM NETTOIE LA
    CHAINE A COMPARER
149 BI$ = CHR$ (34) + "0000 " +
    C$: REM RECREE FORMAT DMS
150 REM -------------------
151 REM MET LA CHAINE DANS LE N
    OUVEAU FICHIER
155 PRINT D$;"WRITE";F2$;",R";IX
160 PRINT BI$
170 NEXT I
200 REM -------------------
201 PRINT "FIN DU TRAITEMENT"
202 GOSUB 3000: REM CREE ENR DE
    TETE SORTIE
205 PRINT D$;"CLOSE"
210 END
1999 REM -------------------
```

```
2000 REM : SUER NETTOIE CHAINE
     C$ A COMPARER
2005 CC$ = ""
2010 FOR K = 1 TO LEN (C$)
2020 L$ = MID$ (C$,K,1)
2030 IF L$ = "-" THEN L$ = ""
2040 IF L$ = "x" THEN L$ = ""
2050 IF L$ = "." THEN L$ = ""
2060 IF L$ = "=" THEN L$ = ""
2070 IF L$ = "!" THEN L$ = ""
2080 IF L$ = "'" THEN L$ = ""
2090 IF L$ = "?" THEN L$ = ""
2100 IF L$ = "(" THEN L$ = ""
2110 IF L$ = ")" THEN L$ = ""
2120 IF L$ = "$" THEN L$ = ""
2130 IF L$ = ":" THEN L$ = ""
2140 IF L$ = "/" THEN L$ = ""
```

```
2150 IF L$ > = "0" AND L$ < = "9" THEN L$ = ""
2160 IF L$ = " " THEN L$ = ""
2190 REM ----------
2195 REM —FILTRE ALPHAB—
2200 IF L$ > = "D" AND L$ < = "I" THEN L$ = CHR$ ( ASC (L$) - 1): GOTO 2500
2205 IF L$ > = "K" AND L$ < = "S" THEN L$ = CHR$ ( ASC (L$) - 2): GOTO 2500
2210 IF L$ > = "U" AND L$ < = "W" THEN L$ = CHR$ ( ASC (L$) + 1): GOTO 2500
2220 IF L$ = "C" THEN L$ = "R": GOTO 2500
2230 IF L$ = "J" THEN L$ = "S": GOTO 2500
2240 IF L$ = "X" THEN L$ = "U": GOTO 2500
2290 REM  -FIN FILTRE APLPAB-
2300 REM ----------
2500 CC$ = CC$ + L$
2900 NEXT K
2950 C$ = CC$
2999 RETURN
3000 REM ----------
3010 REM  CREE ENR TETE SORTIE
3020 PRINT D$;"OPEN";F2$;",";D$
3030 PRINT D$;"WRITE";F2$
3040 PRINT NZ:
3050 PRINT LZZ
3060 PRINT D$;"CLOSE";F2$
3100 RETURN
```

4.3.3 Le programme Copiesurindex

```
5 HOME
10 REM  COPIESURINDEX
12 REM  PAR O.ROUAULT
17 REM
25 PRINT " PERMET DE REORDONNER UN FICHIER "
26 PRINT " D'APRES L'ORDRE D'UN FICHIER INDEX"
30 D$ = CHR$ (4)
32 RPZ = 0
35 REM ----------
40 INPUT "QUEL EST LE NOM DU FICHIER INITIAL? ";F1$
42 INPUT "SUR QUEL DISQUE OU VOLUME (Dn/Vn)? ";V1$
55 PRINT D$;"OPEN";F1$;",";V1$
60 PRINT D$;"READ";F1$
70 INPUT NZ:
80 INPUT LZ:
90 PRINT D$;"CLOSE";F1$
110 REM ----------
150 INPUT "QUEL EST LE NOM DU FICHIER INDEX? ";F2$
155 INPUT "SUR QUEL DISQUE OU VOLUME (Dn/Vn)? ";V2$
160 PRINT D$;"OPEN";F2$;",";V2$
170 PRINT D$;"READ";F2$
180 INPUT NZZ:
200 PRINT D$;"CLOSE";F2$
205 IF NZZ < > NZ THEN PRINT " ATTENTION, LA TAILLE DU FICHIER ET DE L'INDEX SONT DIFFERENTES!"
207 LZZ = 5: REM  FORMAT INDEX I SAM DMS
210 REM ----------
220 REM  CREE LE FICHIER DE SORTIE
240 INPUT "NOM DU FICHIER A CREER: ";FS$
250 INPUT "SUR QUEL DISQUE OU VOLUME (Dn/Vn)? ";V3$
340 PRINT D$;"OPEN";FS$;",L";LZ;",";V3$
345 REM ----------
347 REM  OUVRE LE FICHIER INITIAL
350 PRINT D$;"OPEN";F1$;",L";LZ;",";V1$
353 REM ----------
357 REM  OUVRE LE FICHIER INDEX
358 PRINT D$;"OPEN";F2$;",L";LZZ;",";V2$
360 FOR I = 1 TO NZ
365 IZ = I
370 PRINT D$;"READ";F2$;",R";IZ: REM  LIT LE NUMERO DS L'INDEX
375 INPUT NB$: REM  LE MET DANS LA VARIABLE NB$
380 NBZ = VAL (NB$)
385 PRINT D$;"READ";F1$;",R";NBZ: REM  LIT NUM CORRESP DS FICH INIT
387 INPUT ENR$: REM  LE MET DANS ENR$
390 SRT$ = CHR$ (34) + ENR$: REM  REMET DEVANT ENR$ LE " ET STOCKE LE TOUT DANS VARIABLE SRT$ POUR L'ENVOYER DANS FICHIER SORTIE
400 PRINT D$;"WRITE";FS$;",R";IZ : REM  PREPARE LE FICHIER SORTIE A RECEVOIR SRT$
410 PRINT SRT$: REM  MET LA CHAINE DE CARACT SRT$ DANS LE FICHIER FS$
450 NEXT I
460 PRINT D$;"CLOSE";F1$
470 PRINT D$;"CLOSE";F2$
1810 REM ----------
1820 REM  FERME FICH SORTIE ET ECRIT ENR DE TETE
1840 PRINT D$;"WRITE";FS$;",R0": REM  POSITIONNE LE CURSEUR SUR L'ENR DE TETE
1850 PRINT NZ: PRINT LZ:
1870 PRINT D$;"CLOSE"
2000 PRINT : PRINT ("C'EST FINI. AU REVOIR!")
3500 END
```

4.3.4 Le programme Divise

```
10 REM  DIVISE
20 REM  PAR O.ROUAULT
25 REM  POUR FICHIER FORMAT DMS
30 D$ = CHR$ (4)
40 INPUT "QUEL EST LE NOM DU FICHIER A DIVISER? ";F$
42 INPUT "SUR QUEL DRIVE OU VOLUME? ";V1$
46 REM
47 REM
49 REM  EXAMEN DU PREMIER ENREGISTREMENT POUR TROUVER LONGUEUR ENR (LZ) ET NB ENR (NZ)
55 PRINT D$;"OPEN";F$;",V";V1$
60 PRINT D$;"READ";F$
70 INPUT NZ:
80 INPUT LZ:
90 PRINT D$;"CLOSE"
100 REM
110 REM ----------
120 REM  ENTREE DES DEMANDES DE L'UTILISATEUR
140 INPUT "COMBIEN D'ENREGISTREMENTS VOULEZ-VOUS RETENIR DANS LE PREMIER FICHIER?: ";N1Z
150 N2Z = NZ - N1Z: REM  NB D'ENR A METTRE DANS LE SECOND FICHIER DE SORTIE
200 REM
210 REM ----------
220 REM  NOM DU PREMIER FICHIER DE SORTIE
240 INPUT "QUEL NOM VOULEZ-VOUS DONNER AU PREMIER FICHIER?: ";FS1$
300 REM
310 REM ----------
320 REM  LECTURE DES ENREGISTREMENTS ET RECOPIE DANS LE PREMIER FICHIER
335 INPUT "SUR QUEL DRIVE OU VOLUME SERA LE PREMIER FICHIER? ";V2$
340 PRINT D$;"OPEN";FS1$;",L";LZ;",V";V2$: REM  OUVRE PREMIER FICH SORTIE
350 PRINT D$;"OPEN";F$;",L";LZ;",V";V1$: REM  OUVRE FICHIER INITIAL
360 FOR I = 1 TO N1Z
365 IZ = I
370 PRINT D$;"READ";F$;",R";IZ: REM  LIT UN ENR DANS FICHIER INITIAL
380 INPUT ENR$: REM  LE MET DANS LA VARIABLE ENR$
390 SRT$ = CHR$ (34) + ENR$: REM  REMET DEVANT ENR$ LE " ET STOCKE LE TOUT DANS VARIABLE SRT$ POUR L'ENVOYER DANS FICHIER SORTIE
400 PRINT D$;"WRITE";FS1$;",R";IZ: REM  PREPARE LE FICHIER SORTIE A RECEVOIR SRT$
410 PRINT SRT$: REM  MET LA CHAINE DE CARACT SRT$ DANS LE FICHIER FS1$
420 IF I = > N1Z THEN GOTO 1000
500 NEXT I
1000 REM
1010 REM ----------
1020 REM  ENREGISTREMENT DE TETE ET FERMETURE DU PREMIER FICHIER SORTIE
1040 PRINT D$;"WRITE";FS1$;",R0" : REM  REMONTE LE POINTEUR SUR L'ENREGISTREMENT DE TETE
1050 PRINT N1Z: PRINT LZ: REM  MET NOMBRE ET LONGUEUR DES ENREGISTREMENTS DANS LA FICHE DE TETE
1060 PRINT D$;"CLOSE";FS1$
1499 REM
1500 REM ----------
1510 REM  NOM DU SECOND FICHIER DE SORTIE, PUIS LECTURE DE LA SUITE DES ENREGISTREMENTS ET RECOPIE DANS LE SECOND FICHIER
1515 INPUT "QUEL NOM VOULEZ-VOUS DONNER AU SECOND FICHIER? ";FS2$
1525 INPUT "SUR QUEL DRIVE OU VOLUME SERA-T-IL? ";V3$
1530 PRINT D$;"OPEN";FS2$;",L";LZ;",V";V3$: REM  OUVRE LE SECOND FICH SORTIE
1540 KZ = IZ + 1: REM  AJOUTE AU COMPTEUR LE NUMERO SAUTE PAR LA SORTIE DE BOUCLE
1545 MZ = KZ: REM  VARIABLE MZ=COMPTEUR DES ENR DU SECOND FICHIER SORTIE POUR CONTROLE ULTERIEUR
1547 PZ = 0: REM  INITIALISE COMPTEUR POUR FICHIER SORTIE
1550 FOR J = KZ TO NZ
1555 JZ = J
1556 PZ = PZ + 1: REM  INCREMENTE COMPTEUR DES ENREGISTREMENTS DE SORTIE
1557 MZ = MZ + 1: REM  INCREMENTE LE COMPTEUR DES ENR SORTIE POUR CONTROLE ULTERIEUR
```

```
1560  PRINT D$;"READ";F$;",R";J%:
      REM   POSITIONNE LE CURSEUR
      SUR L'ENREGISTREMENT A LIRE

1570  INPUT ENR$: REM  MET L'ENRE
      GISTREMENT DANS LA VARIABLE
      ENR$
1571  REM xxx RECONSTITUTION DU N
      UMERO D'ENREGISTREMENT EN TE
      TE DE CHAQUE FICHE
1572  IF P% < 10 THEN NB$ = "000"
      + STR$ (P%)
1574  IF P% = > 10 AND P% < 100 THEN
      NB$ = "00" + STR$ (P%)
```

```
1576  IF P% = > 100 AND P% < 100
      0 THEN NB$ = "0" + STR$ (P%
      )
1578  IF P% = > 1000 THEN NB$ =
      STR$ (P%)
1580  LL% = LEN (ENR$) - 4
1582  ENR$ = RIGHT$ (ENR$,LL%): REM
      ELIMINE L'ANCIEN NUMERO D'E
      NR
1585  SRT$ = CHR$ (34) + NB$ + EN
      R$: REM  RECONSTITUE LA CHAI
      NE EN REMETTANT LE " ET LE N
      OUVEAU NUMERO D'ENREGISTREME
      NT
```

```
1590  PRINT D$;"WRITE";FS2$;",R";
      P%: REM   PREPARE ECRITURE D
      ANS FICHIER SORTIE
1600  PRINT SRT$: REM  MET SRT$ D
      ANS LE FICHIER FS2$
1610  IF J% = N% THEN  GOTO 1800
1700  NEXT J
1750  IF M% < > N% THEN  GOTO 30
      00
1800  REM
1810  REM  ---------------
1820  REM    FERMETURE SECOND FIC
      HIER ET ENR DE TETE
1840  PRINT D$;"WRITE";FS2$;",R0"
      : REM  POSITIONNE LE CURSEUR
      SUR L'ENR DE TETE
```

```
1850  PRINT N2%: PRINT L%: REM  M
      ET LE NB ET LA LONGUEUR DES
      ENREGISTREMENTS DANS LA FICH
      E DE TETE
1860  PRINT D$;"CLOSE";F$
1870  PRINT D$;"CLOSE";FS2$
2800  GOTO 3010
2996  REM
2997  REM  ---------------
2998  REM    ERREUR
3000  PRINT "ERREUR: LE NOMBRE D'
      ENREGISTREMENTS PRIS DANS LE
      SECOND FICHIER N'EST PAS CO
      RRECT"
3010  PRINT D$;"CLOSE"
3500  END
```

4.3.5 Le programme Reunit

```
5    HOME
10   REM  REUNIT
12   REM  PAR O.ROUAULT
17   REM
26   PRINT "PERMET D'AJOUTER UN FI
     CHIER RANDOM A UN AUTRE"
30   D$ = CHR$ (4)
32   RP% = 0
35   REM  ---------------
40   INPUT "Nom du premier fichier
     : ";F1$
42   INPUT "Sur quel Disque ou Vol
     ume (Dn/Vn/Dn,Vn)? ";V1$
55   PRINT D$;"OPEN";F1$;",";V1$
60   PRINT D$;"READ";F1$
70   INPUT N%:
80   INPUT L%:
90   PRINT D$;"CLOSE";F1$
110  REM  ---------------
150  INPUT "Nom du second fichier
     : ";F2$
```

```
155  INPUT "Sur quel Disque ou Vo
     lume (Dn/Vn/Dn,Vn)? ";V2$
160  PRINT D$;"OPEN";F2$;",";V2$
170  PRINT D$;"READ";F2$
180  INPUT N2%:
190  INPUT L2%:
200  PRINT D$;"CLOSE";F2$
205  IF L2% < > L% THEN PRINT "
     FORMATS INCOMPATIBLES !!!": END

300  REM  ---------------
342  INPUT "VOULEZ-VOUS VOIR LE T
     RAITEMENT A L'ECRAN (O/N) ";
     RP$
343  IF RP$ = "O" THEN RP% = 1: IF
     RP$ = "o" THEN RP% = 1
345  REM  ---------------
400  REM   OUVRE LE PREMIER FICHIE
     R ET SE POSITIONNE A LA FIN
410  PRINT D$;"OPEN";F1$;",L";L%;
     ",";V1$
```

```
500  REM  ---------------
510  REM  RECOPIE LE SECOND FICHI
     ER DANS LE FICHIER DE SORTIE

515  IF RP% = 1 THEN PRINT : PRINT
     ("DEBUT DE SECOND FICHIER")
520  PRINT D$;"OPEN";F2$;",L";L%;
     ",";V2$
530  FOR I = 1 TO N2%
540  I% = I
545  NS% = N% + I%
550  PRINT D$;"READ";F2$;",R";I%
560  INPUT ENR$
565  IF RP% = 1 THEN PRINT ENR$
570  SRT$ = CHR$ (34) + ENR$
580  PRINT D$;"WRITE";F1$;",R";NS
     %
590  PRINT SRT$
600  NEXT I
610  PRINT D$;"CLOSE";F2$
1810 REM  ---------------
```

```
1820 REM  FERMETURE FICHIER SORT
     IE
1825 REM  ET ECRIT. ENR. DE TETE

1840 PRINT D$;"WRITE";F1$;",R0":
     REM     POSITIONNE LE CURSE
     UR SUR L'ENR DE TETE
1850 PRINT NS%: PRINT L%: REM
     MET LE NB ET LA LONGUEUR DES
     ENREGISTREMENTS DANS LA FIC
     HE DE TETE
1870 PRINT D$;"CLOSE"
2000 PRINT : PRINT ("C'EST FINI.
     AU REVOIR!")
3500 END
```

4.3.6 Le programme Litfichierdms

```
10   REM  LITFICHIERDMS
15   REM  PAR O.ROUAULT
29   HOME
30   D$ = CHR$ (4)
35   R% = 0
40   INPUT "Quel est le nom du fic
     hier?: ";F$
42   PRINT
45   INPUT "SUR QUEL VOLUME? ";DR
     $
```

```
46   PRINT
50   PRINT D$;"OPEN";F$;",V";DR$
60   PRINT D$;"READ";F$
70   INPUT N%:
80   INPUT L%:
90   PRINT "Il y a ";N%;" enregist
     rements de longueur ";L%
92   PRINT D$;"CLOSE"
95   INPUT "A partir de quel enreg
     istrement voulez-vous lire l
     e fichier?: ";R$
```

```
97   PRINT
98   R% = VAL (R$)
100  PRINT D$;"OPEN";F$;",L";L%
110  FOR I = R% TO N%
120  I% = I
140  PRINT D$;"READ";F$;",R";I%
150  INPUT A$
160  PRINT A$
170  NEXT I
200  PRINT
```

```
201  PRINT "FIN DU FICHIER"
202  PRINT D$;"CLOSE"
210  END
```

4.3.7 Le programme Diacritac

```
10  REM  DIACRITAC              80  INPUT "DRIVE OU VOLUME (DX/VX   160  PRINT BI$
15  REM  PAR O.ROUAULT             /DX,VX):";DR$                  170  NEXT I
29  HOME                        95  PRINT D$;"OPEN";F2$;",";L"LZ   200  REM ; --------------
30  D$ = CHR$ (4)              100  PRINT D$;"OPEN";F$;",";L"LZ    201  PRINT "FIN DU TRAITEMENT"
33  CHZ = 25: REM  LONGUEUR DU CHA 109  REM ; --------------      202  GOSUB 3000: REM  CREE ENR DE
    MP A TRAITER               110  FOR I = 1 TO NZ                    TETE SORTIE
35  RZ = 0                     115  IZ = I                        205  PRINT D$;"CLOSE"
37  PRINT "O. ROUAULT - PROG 'DIA 140  PRINT D$;"READ";F$;",";R";IZ  210  END
    CRITAC'"                   143  INPUT AI$                     1999 REM --------------
38  PRINT                      144  CI$ = RIGHT$ (AI$,25): REM    2000 REM ; TRAITE LA LIGNE
40  INPUT "NOM DU FICHIER: ";F$      PREND LE 2EME CHAMP          2005 CC$ = ""
45  INPUT "DRIVE OU VOLUME (DX/VX 145  BI$ = MID$ (AI$,6,CHZ)         2007 SPZ = 0: REM COMPTEUR D'ESPA
    /DX,VX):";DR$              146  C$ = BI$                           CES SUPPRIMES
50  PRINT D$;"OPEN";F$;",";DR$  148  GOSUB 2000: REM  TRAVAILLE C   2010 FOR K = 1 TO LEN (C$)
55  PRINT D$;"READ";F$              $                             2020 L$ = MID$ (C$,K,1)
60  INPUT NZ                   149  BI$ = CHR$ (34) + "0000 " +
62  INPUT LZ                        C$ + CI$ + CHR$ (13)          2130 IF L$ = ":" THEN SPZ = SPZ +
65  PRINT "Il y a ";NZ;" enregist 150  REM                              1: GOTO 2900
    rements de longueur ";LZ   151  REM  MET LA CHAINE DANS LE N   2140 IF L$ = "=" THEN L$ = "-": GOTO
70  PRINT D$;"CLOSE"               OUVEAU FICHIER                      2500
75  INPUT "NOM DU FICHIER MODIFIE 155  PRINT D$;"WRITE";F2$;",";R";IZ 2220 IF L$ = "C" THEN L$ = "S"
    A CREER: ";F2$                                                2230 IF L$ = "J" THEN L$ = "S"

2240 IF L$ = "X" THEN L$ = "T"
2280 REM  TRANSFO MINUSCULES
2300 IF  ASC (L$) > 65 AND  ASC
     (L$) < 90 THEN L$ =  CHR$
     ( ASC (L$) + 32)
2500 CC$ = CC$ + L$
2900 NEXT K
2910 FOR M = 1 TO SPZ
2920 CC$ = CC$ + " "
2930 NEXT M
2950 C$ = LEFT$ (CC$,25)
2999 RETURN
3000 REM --------------
3010 REM  CREE ENR TETE SORTIE
3020 PRINT D$;"OPEN";F2$;",";DS$
3030 PRINT D$;"WRITE";F2$
3040 PRINT NZ
3050 PRINT LZ
3060 PRINT D$;"CLOSE";F2$
3100 RETURN
```

E R R A T A

Lors du "nettoyage" pour publication des programmes en Basic, quelques erreurs s'y sont glissées:

- dans tous les programmes, même quand le format Dx/Vx n'est pas spécifié, il faut indiquer le numéro du lecteur (drive) ou du volume (pour disques durs) en le faisant précéder de la lettre D ou de la lettre V, selon le cas.

- dans Selection, aux lignes 45 et 80, il manque un guillemet fermant la chaine de caractères à afficher à l'écran:
45 INPUT "SUR QUEL DRIVE OU VOLUME (DX/VX/DX,VX)? ";DR$
80 INPUT "SUR QUEL DRIVE OU VOLUME (DX/VX/DX,VX)? ";DS$

- dans Divise , aux lignes 55, 340, 350, et 1530, supprimer la lettre V dans la chaine ",V":
55 PRINT D$;"OPEN";F$;",";V1$
340 PRINT D$;"OPEN";FS1$;",L";L%;",";V2$: REM OUVRE PREMIER FICHIER SORTIE
350 PRINT D$;"OPEN";F$;",L";L%;",";V1$: REM OUVRE FICHIER INITIAL
1530 PRINT D$;"OPEN";FS2$;",L";L%;",";V3$: REM OUVRE LE SECOND FICH SORTIE

- même type de correction dans Litfichierdms, ligne 50:
50 PRINT D$;"OPEN";F$;",";DR$
En outre, à la ligne 45, on pourra modifier le message entre guillements:
45 INPUT "SUR QUEL DRIVE OU VOLUME? ";DR$
et, comme dans les autres programmes répondre par la lettre D ou la lettre V suivie du numéro adéquat.

Undena Publications

Order from: EISENBRAUNS
POBox 275, Winona Lake, IN 46590 – (219) 269-2011

Prices subject to change without notice. Inquire above for clothbound availability.

Subscriptions and bibliographic information from:

UNDENA PUBLICATIONS
POBox 97, Malibu, CA 90265 – (818) 366-1744

CYBERNETICA MESOPOTAMICA

A collection of series devoted to the results of electronic data processing of Mesopotamian materials, both philological and artifactual. Issued under the auspices of *IIMAS–The International Institute for Mesopotamian Area Studies* by *UNDENA PUBLICATIONS.*

CM / Data Sets: Cuneiform Texts

Assur 14446: la famiglia A
by Claudio Saporetti, *CM/DSC,* Volume 1; 140 pp., $12.00

Le leggi medioassire
by Claudio Saporetti, *CM/DSC,* Volume 2; 181 pp., $12.00

Assur 14446: le altre famiglie
by Claudio Saporetti, *CM/DSC,* Volume 3; 206 pp., $14.00

> *Assur 14446: le altre famiglie* is a companion volume to *DSC* 1, the archive *Assur 14446: la famiglia A.* Reconstructions of the lineages of four other Middle-Assyrian "families" and the texts appertaining to them are offered along with a discussion of the transactions, commercial relationships and eventual decline of the fortunes of these individuals owing to problems of inheritance and donation. Other texts, indirectly associated with these "family archives," are discussed. The work presents texts in transliteration and translation, a concordance of signs based on the graphemic considerations and alternative and emendated readings for texts in Volume 1 (*DSC* 1). A short discussion of the cylinder seals and their owners, a chronology and an index to the texts in both volumes are also included.